GUIDE POUR LES AVOCATS DÉBUTANTS

MEILLEURS CONSEILS ET ÉTIQUETTE

Copyright

Tous droits réservés. Aucune partie de ce livre ne peut être reproduite, distribuée ou transmise sous quelque forme ou par quelque moyen que ce soit, y compris la photocopie, l'enregistrement ou toute autre méthode électronique ou mécanique, sans l'autorisation écrite préalable de l'éditeur, sauf dans les cas autorisés par la loi sur le droit d'auteur.

Introduction : Commencer dans la jungle juridique

Bienvenue dans le monde sauvage et merveilleux du droit ! Si vous tenez ce livre, vous vous êtes probablement lancé dans un voyage passionnant dans la profession juridique, et laissez-moi vous dire que c'est toute une aventure. Alors, prenez votre machette métaphorique, car nous sommes sur le point de percer ensemble les broussailles denses de la théorie juridique, des drames judiciaires et des conseils aux clients.

Maintenant, avant de commencer à vous imaginer comme le prochain Atticus Finch ou Alicia Florrick, mettons une chose au clair : la jungle juridique n'est pas pour les âmes sensibles. C'est un endroit où les règles sont aussi glissantes que des anguilles et où chaque cas présente un nouvel enchevêtrement d'épines à résoudre. Mais n'ayez crainte, lecteur intrépide ! Avec les bons outils, l'état d'esprit et une pincée de culot juridique, vous vous éloignerez des vignes et gagnerez des arguments comme un Tarzan (ou Jane) chevronné en un rien de temps.

Dans ce guide, nous serons vos fidèles Sherpas, vous guidant sur le terrain périlleux du droit débutant. Du décodage de phrases latines énigmatiques à la maîtrise de l'art de la conclusion parfaite, nous avons ce qu'il vous faut. Mais avant de plonger dans le vif du sujet, prenons un moment pour observer le paysage et nous repérer.

Imaginez-vous debout au bord d'une vaste savane juridique, le soleil se levant à l'horizon, projetant sa lumière dorée sur un paysage parsemé de cabinets d'avocats imposants, de salles d'audience animées et de failles juridiques ombragées occasionnelles. C'est un endroit où les mots sont vos armes, et chaque cas est une bataille d'esprit.

Maintenant, respirez profondément et sentez l'anticipation couler dans vos veines. Ce n'est pas seulement un travail ; c'est une vocation, une chance de faire respecter la justice, de défendre les innocents et peut-être même d'écrire un peu d'histoire en cours de route. Mais rappelez-vous qu'un grand pouvoir implique de grandes responsabilités (merci, oncle Ben), alors attachez votre ceinture et préparez-vous pour l'aventure de votre vie.

Dans les chapitres à venir, nous aborderons tout, depuis les bases de la recherche juridique jusqu'aux subtilités de l'étiquette dans la salle d'audience. Nous explorerons les tenants et les aboutissants de la communication avec les clients, plongerons dans les eaux troubles de l'éthique juridique et nous plongerons même les pieds dans le monde passionnant du droit international.

Mais ce guide n'a pas seulement pour but de survivre dans la jungle juridique ; il s'agit de prospérer. Il s'agit de perfectionner vos compétences, de trouver votre voix et de devenir le genre d'avocat qui inciterait Atticus lui-même à hocher la tête en signe d'approbation. Alors, prenez votre mallette, taillez vos crayons et embarquons ensemble dans cette grande aventure juridique.

Êtes-vous prêt à plonger ? Bien. Parce que la jungle juridique n'attend personne et qu'il existe tout un monde d'affaires qui ne demandent qu'à être résolues. Alors, serrez votre emprise sur cette machette métaphorique, cher lecteur, et frayons-nous un chemin vers la gloire juridique !

Comprendre votre rôle

Très bien, passons à l'essentiel du métier d'avocat : comprendre votre rôle. C'est un gros problème, alors installez-vous et discutons.

Tout d'abord, être avocat est un travail à multiples facettes. Il ne s'agit pas seulement de connaître la loi ; il s'agit de porter une douzaine de chapeaux différents et de savoir quand les changer. Une minute, vous êtes un conseiller, la suivante, vous êtes un chercheur, et parfois vous êtes même un peu un détective. Alors, décomposons cela un peu.

En tant qu'avocat, votre rôle principal est de défendre les intérêts de votre client. Cela signifie que vous êtes leur voix, leur protecteur et parfois leur confident. Les clients viennent vers vous parce qu'ils ont besoin de quelqu'un qui comprend le labyrinthe du système juridique et qui puisse les guider à travers celui-ci. Ils pourraient faire face à des accusations criminelles, faire face à un divorce compliqué ou tenter de conclure un accord commercial. Quelle que soit leur situation, ils comptent sur vous pour obtenir des réponses et du soutien. Et il ne s'agit pas seulement de débiter du jargon juridique ou de citer des lois ; il s'agit de vraiment écouter leurs préoccupations, de comprendre leurs besoins et d'élaborer une stratégie pour trouver le meilleur plan d'action.

Mais le plaidoyer ne se limite pas à votre travail : ce n'est que la pointe de l'iceberg. Une grande partie de votre rôle implique la recherche. Nous parlons de fouiller dans la jurisprudence, les lois, les revues juridiques et parfois même les articles de presse pour trouver l'information qui pourrait renverser la tendance en votre faveur. C'est un travail minutieux, qui nécessite souvent de longues heures passées à la bibliothèque ou dans des bases de données en ligne. Mais c'est crucial car le droit évolue constamment, et rester à jour peut faire la différence entre gagner ou perdre une affaire.

Ensuite, il y a l'écriture. Oh mon Dieu, prépare-toi à écrire beaucoup. La rédaction juridique est une bête en soi. Vous rédigerez des mémoires, des requêtes, des plaidoiries, des contrats et des mémos, tout en adhérant à un style et une structure très spécifiques. Chaque mot doit être choisi avec soin car la clarté et la précision sont primordiales. Vous n'écrivez pas ici le prochain grand roman américain ; vous rédigez des documents qui pourraient avoir des conséquences réelles et tangibles pour votre client.

Et n'oublions pas les comparutions devant le tribunal. C'est là que le glamour d'être avocat brille vraiment – du moins c'est ce que pensent les gens. En réalité, être au tribunal est à la fois exaltant et angoissant. Que vous présentiez un argument à un juge, contre-interrogiez un témoin ou négociiez un règlement, votre objectif est de présenter votre cas sous le meilleur jour possible. Cela nécessite non seulement une compréhension approfondie du droit, mais également la capacité de réfléchir vite. Les juges peuvent lancer des balles courbes, les avocats de la partie adverse peuvent être agressifs et les témoins peuvent être imprévisibles. C'est votre travail de rester calme, serein et convaincant quoi qu'il arrive.

dehors de la salle d'audience, vous jouez également le rôle de négociateur. De nombreuses questions juridiques sont réglées en dehors des tribunaux, ce qui nécessite un ensemble de compétences différentes. La négociation consiste avant tout à trouver un terrain d'entente, une solution qui satisfasse les deux parties. Il s'agit de savoir quand insister, quand concéder et comment formuler vos arguments de manière à rendre le règlement attrayant pour l'autre partie. C'est là que vos compétences relationnelles entrent en jeu. Être capable de lire la pièce, de comprendre les motivations de l'autre partie et de communiquer efficacement est essentiel.

Ensuite, il y a le rôle consultatif. Les clients viennent souvent vers vous non seulement pour des problèmes juridiques immédiats, mais aussi pour obtenir des conseils sur la façon de les éviter à l'avenir. Cela peut signifier conseiller une entreprise sur la conformité réglementaire, aider une famille dans la planification successorale ou conseiller une organisation à but non lucratif sur des questions de gouvernance. Ici, vous êtes davantage un consultant, fournissant des conseils et des stratégies pour naviguer dans des paysages juridiques complexes.

Parlons maintenant d'éthique car c'est une partie importante de votre rôle. En tant qu'avocat, vous êtes tenu à un code de déontologie strict. Cela signifie maintenir la confidentialité des clients, éviter les conflits d'intérêts et toujours agir dans le meilleur intérêt de votre client. Parfois, cela peut vous mettre dans des situations difficiles. Et si votre client veut s'allonger à la barre ? Que se passe-t-il si vous découvrez un conflit d'intérêts au milieu d'une affaire ? Ces situations nécessitent une compréhension approfondie des règles éthiques et le courage de les respecter, même lorsque cela est difficile.

Et ne négligeons pas le rôle d'apprenant tout au long de la vie. La loi n'est pas statique ; c'est une entité vivante et respirante qui évolue avec la société. De nouvelles lois sont adoptées, les anciennes sont abrogées et des décisions de justice historiques peuvent modifier les précédents juridiques du jour au lendemain. Pour être un avocat efficace, vous devez vous engager dans une formation continue. Cela signifie assister à des séminaires juridiques, se tenir au courant des revues juridiques et parfois même retourner à l'école pour se spécialiser davantage.

En parlant de spécialisation, parlons-en. Le domaine juridique est vaste et personne ne peut être expert dans tous les domaines. Au début de votre carrière, vous vous lancerez probablement dans divers domaines juridiques pour voir ce qui vous convient le mieux. Éventuellement, vous pourriez vous spécialiser dans quelque chose de spécifique comme le droit pénal, le droit des sociétés, le droit de la famille ou la propriété intellectuelle. La spécialisation vous permet de développer une expertise plus approfondie et de devenir une ressource incontournable dans le domaine de votre choix.

Et enfin, n'oublions pas l'aspect commercial du métier d'avocat. Que vous travailliez dans un grand cabinet, une petite société ou un cabinet solo, il est essentiel de comprendre les aspects commerciaux de la gestion d'un cabinet juridique. Cela inclut la gestion des clients, la facturation, le marketing et même la gestion du personnel d'assistance. Un avocat qui réussit excelle non seulement dans la pratique du droit, mais également dans la gestion efficace de sa pratique.

En conclusion, comprendre votre rôle d'avocat signifie reconnaître que vous êtes à la fois un défenseur, un chercheur, un écrivain, un négociateur, un conseiller, un gardien de l'éthique, un apprenant permanent, un spécialiste et un homme d'affaires. C'est un métier stimulant mais incroyablement enrichissant. Vous aurez l'opportunité de faire une réelle différence dans la vie des gens, de lutter pour la justice et d'apprendre et de grandir constamment. Alors, acceptez la nature multiforme de votre rôle, restez curieux et ne cessez jamais de rechercher l'excellence. Bienvenue dans la jungle juridique : vous allez réussir.

Les essentiels de la formation juridique

Se lancer dans un parcours vers la profession juridique nécessite une base pédagogique solide. Ce chapitre est conçu pour vous fournir un aperçu complet des éléments clés de la formation juridique, depuis les cours que vous devez suivre jusqu'aux compétences que vous devez développer. Que vous commenciez tout juste vos études de droit ou que vous soyez au milieu de vos études, comprendre ces éléments essentiels vous aidera à naviguer efficacement dans votre parcours éducatif.

Tout d'abord, parlons des bases de la faculté de droit. La plupart des facultés de droit proposent un programme Juris Doctor (JD) de trois ans, qui constitue la voie standard pour devenir avocat en exercice dans de nombreux pays, y compris les États-Unis. La première année, communément appelée 1L, est généralement la plus rigoureuse. C'est à ce moment-là que vous posez les bases de votre formation juridique en suivant des cours de base tels que les contrats, les délits, la procédure civile, le droit pénal, la propriété et la rédaction juridique. Ces sujets constituent la base de vos connaissances juridiques et sont cruciaux pour comprendre les domaines du droit les plus complexes que vous rencontrerez plus tard.

Examinons certains de ces sujets fondamentaux. Les contrats, par exemple, vous enseignent la formation et l'exécution des accords, ce qui est fondamental en droit des personnes et en droit des affaires. Les délits couvrent les torts et dommages civils, vous présentent des concepts tels que la négligence et la responsabilité. La procédure civile concerne les règles et les processus que les tribunaux suivent dans les poursuites civiles. Le droit pénal, quant à lui, se concentre sur les crimes et le système pénal, vous donnant un aperçu de tout, du vol au meurtre. Le droit de la propriété traite de la propriété et des droits sur la terre et les biens personnels. Enfin, la rédaction juridique est l'endroit où vous perfectionnez votre capacité à rédiger des mémoires, des mémos et d'autres documents juridiques, une compétence essentielle pour tout avocat.

Au fur et à mesure que vous progressez vers vos deuxième et troisième années (2L et 3L), le programme devient plus flexible, vous permettant de choisir des cours au choix en fonction de vos intérêts et de vos objectifs de carrière. C'est le moment de commencer à penser à la spécialisation. Êtes-vous attiré par le droit des sociétés, le droit de l'environnement, le droit de la famille ou peut-être la propriété intellectuelle ? Votre choix de cours au choix peut vous aider à acquérir une expertise dans votre domaine préféré. Des cours tels que la preuve, le droit constitutionnel et la responsabilité professionnelle sont également couramment requis et jouent un rôle essentiel dans l'élaboration de votre compréhension des procédures juridiques et des normes éthiques.

Parlons maintenant des compétences. Au-delà des connaissances théoriques que vous acquérez grâce aux cours, la faculté de droit consiste également à développer un ensemble de compétences pratiques qui vous seront utiles tout au long de votre carrière. La pensée critique est au cœur de l'analyse juridique. Vous apprendrez à décortiquer les cas, à identifier les problèmes clés et à appliquer les principes juridiques à différents scénarios. Le raisonnement analytique va de pair avec la pensée critique, vous permettant d'évaluer systématiquement les arguments et les preuves.

La recherche juridique est une autre compétence fondamentale. Savoir trouver et interpréter efficacement la jurisprudence, les lois et les réglementations est fondamental pour construire des arguments juridiques solides. Dans vos cours de recherche et de rédaction juridiques, vous deviendrez expert dans l'utilisation de bases de données juridiques comme Westlaw et LexisNexis, qui sont des outils indispensables pour tout avocat en exercice.

Le plaidoyer oral est tout aussi important. Que vous plaidiez une affaire devant un tribunal ou négociiez un règlement, il est essentiel d'être capable de communiquer de manière claire et convaincante. Les concours de plaidoirie, les procès simulés et les clubs de débat offrent d'excellentes opportunités de mettre en pratique ces compétences dans un environnement simulé.

Un aspect de la formation juridique qui est souvent négligé est l'importance des stages et des externats. Ces expériences du monde réel sont inestimables. Ils fournissent une compréhension pratique de la façon dont le droit est appliqué en dehors de la salle de classe, offrent des opportunités de réseautage et aident souvent à trouver un emploi après l'obtention du diplôme. Essayez d'obtenir des stages dans divers contextes (cabinets d'avocats privés, organisations d'intérêt public, agences gouvernementales) pour avoir une vue complète du paysage juridique.

L'adhésion à des revues de droit et à des revues est également très bénéfique. La participation à ces activités aiguise vos compétences en recherche et en rédaction e enrichit votre CV. Les employeurs considèrent souvent favorablement les candidats qui ont contribué à une revue juridique, car cela démontre un engagement envers l'érudition et une capacité à produire des écrits juridiques de haute qualité.

N'oublions pas la préparation du bar. À l'approche de la fin de vos études de droit, la préparation à l'examen du barreau devient primordiale. L'examen du barreau est un test rigoureux de vos connaissances et compétences juridiques, et sa réussite est essentielle pour devenir avocat agréé. De nombreuses facultés de droit proposent des cours de préparation au barreau, et il existe de nombreux programmes de révision du barreau commercial qui fournissent du matériel d'étude complet et des examens pratiques. Commencez à vous préparer tôt et profitez de toutes les ressources à votre disposition.

Le réseautage est un autre élément essentiel de votre formation juridique. Établir des relations avec des professeurs, des camarades de classe et des professionnels du domaine peut ouvrir des portes à des opportunités d'emploi et offrir un mentorat. Assistez à des événements dans les facultés de droit, rejoignez des organisations étudiantes et envisagez de rejoindre des associations professionnelles comme l'American Bar Association ou des associations du barreau locales.

Enfin, ne sous-estimez pas l'importance de développer de bonnes habitudes d'étude et des compétences en gestion du temps. La faculté de droit peut être incroyablement exigeante, et équilibrer les cours, les stages et la vie personnelle nécessite une planification et une discipline minutieuses. Créez un programme d'étude, fixez-vous des objectifs réalistes et prenez le temps de prendre soin de vous pour éviter l'épuisement professionnel.

En résumé, la formation juridique est un parcours à multiples facettes qui implique la maîtrise de matières de base, le développement de compétences pratiques, l'acquisition d'une expérience concrète et la constitution d'un réseau professionnel. En comprenant et en adoptant ces éléments essentiels, vous serez bien équipé pour naviguer dans les études de droit et jeter les bases d'une carrière juridique réussie. N'oubliez pas que la faculté de droit ne consiste pas seulement à acquérir des connaissances ; il s'agit de devenir un défenseur de la justice complet, éthique et efficace. Alors, plongez-vous avec enthousiasme, restez curieux et continuez à vous pousser pour apprendre et grandir. La profession juridique vous attend et avec une bonne préparation, vous serez prêt à faire votre marque.

Naviguer avec succès à l'école de droit

Très bien, parlons de la bête qu'est la faculté de droit et de la façon de la conquérir comme un pro chevronné. Que vous commenciez tout juste votre parcours ou que vous soyez déjà plongé dans la jurisprudence, réussir à naviguer dans les études de droit nécessite une combinaison de stratégie, de persévérance et un soupçon de bon sens. Alors, prenez vos surligneurs et plongeons-y.

Tout d'abord, parlons de l'éléphant dans la pièce : les études de droit sont difficiles. Genre, vraiment dur. La charge de travail est intense, la concurrence peut être féroce et les enjeux sont élevés. Mais n'ayez crainte, cher lecteur, car avec le bon état d'esprit et la bonne approche, vous pouvez non seulement survivre, mais aussi prospérer à la faculté de droit.

Alors, quelle est la sauce secrète ? Eh bien, cela commence par la gestion du temps. Sérieusement, s'il y a une compétence que vous devez maîtriser en faculté de droit, c'est bien la gestion du temps. Entre les devoirs de lecture, la rédaction de devoirs, la participation aux cours et les activités parascolaires, votre emploi du temps sera plus chargé qu'une boîte de sardines. La clé est d'établir des priorités sans pitié. Déterminez ce qui doit absolument être fait chaque jour, chaque semaine et chaque mois, et concentrez-y votre énergie. Et n'oubliez pas de prévoir également des temps d'arrêt : l'épuisement professionnel est réel, les amis.

Ensuite, parlons de lecture. Oh mon Dieu, préparez-vous à lire beaucoup. La faculté de droit est comme un club de lecture infernal sans fin. Chaque semaine, vous recevrez des centaines de pages de textes juridiques denses, et c'est à vous de tout digérer. Mais n'ayez crainte, car il existe quelques astuces du métier pour vous aider à conquérir la bête de la lecture. Tout d'abord, apprenez à survoler efficacement. Dans ces cas-là, tous les mots ne sont pas cruciaux, alors entraînez votre cerveau à identifier les points clés et à passer à autre chose. Deuxièmement, envisagez de former un groupe d'étude. Lire des cas avec des camarades de classe peut vous aider à rester responsable et à acquérir de nouvelles perspectives sur des questions juridiques complexes.

Maintenant, parlons de classe. Oui, il faut en fait suivre des cours à la faculté de droit. Choquant, je sais. Mais sérieusement, assister à des cours et participer à des discussions est crucial pour comprendre la matière et établir des relations avec les professeurs. De plus, certains professeurs aiment donner des indices sur ce qui pourrait apparaître à l'examen, alors soyez attentif !

En parlant d'examens, abordons la redoutable question des examens de faculté de droit. C'est comme un rite de passage, mais cela ne veut pas dire qu'ils doivent être terrifiants. La clé de la réussite aux examens est la préparation. Commencez à étudier tôt, rédigez vos notes et entraînez-vous, entraînez-vous, entraînez-vous. Et n'oubliez pas les examens pratiques : ils sont vos meilleurs amis. Plus vous connaîtrez le format et le style des examens des facultés de droit, mieux vous serez équipé pour les réussir.

Parlons maintenant des activités extrascolaires. Oui, vous avez du temps pour des activités parascolaires à la faculté de droit, croyez-moi. Qu'il s'agisse de rejoindre une organisation étudiante, de participer à un procès fictif ou d'écrire pour la revue de droit, s'impliquer en dehors de la salle de classe peut enrichir votre expérience en faculté de droit et renforcer votre CV. Assurez-vous simplement de ne pas trop vous engager : n'oubliez pas la gestion du temps !

N'oublions pas les soins personnels. Je sais, je sais, cela semble cliché, mais c'est crucial. Les études de droit peuvent être épuisantes mentalement et émotionnellement, il est donc important de prendre soin de vous. Faites de l'exercice régulièrement, mangez bien, dormez suffisamment et n'ayez pas peur de demander de l'aide si vous en avez besoin. Qu'il s'agisse de parler à un ami, à un membre de la famille ou à un professionnel de la santé mentale, vous pouvez demander de l'aide.

Et enfin, parlons de réseautage. L'établissement de relations avec des camarades de classe, des professeurs et des professionnels du droit peut ouvrir la porte à des opportunités d'emploi et à du mentorat. Participez à des événements de réseautage, rejoignez des organisations étudiantes et profitez de tous les réseaux d'anciens élèves proposés par votre école. Vous ne savez jamais qui vous pourriez rencontrer ni quelles opportunités pourraient se présenter.

En conclusion, réussir à réussir ses études de droit est une question d'équilibre, de gestion du temps, de préparation et de soins personnels. C'est un marathon, pas un sprint, alors respectez votre rythme et ne soyez pas trop dur avec vous-même si vous trébuchez en cours de route. N'oubliez pas que vous n'êtes pas seul : vos camarades de classe, vos professeurs et vos réseaux de soutien soutiennent tous votre réussite. Alors, gardez un œil sur le prix, restez concentré, et avant de vous en rendre compte, vous franchirez cette étape avec votre diplôme en droit en main. Vous avez ça !

Obtenir votre premier emploi : naviguer sur le marché du travail légal

Très bien, plongeons dans le monde passionnant de l'obtention de votre premier emploi en tant qu'avocat débutant. Que vous soyez sur le point d'obtenir votre diplôme de droit ou que vous soyez déjà un jeune diplômé cherchant à décrocher votre premier emploi, le marché du travail juridique peut ressembler à un labyrinthe intimidant. Mais n'ayez crainte, car avec la bonne approche, un peu de persévérance et un peu de chance, vous pouvez trouver l'occasion idéale de démarrer votre carrière juridique.

Tout d'abord, parlons de stratégie. Décrocher votre premier emploi nécessite une approche multiforme qui combine le réseautage, la candidature à des postes et la mise en valeur de vos compétences et de votre expérience. Il ne suffit pas de simplement rester les bras croisés et d'attendre que des opportunités se présentent à vous ; vous devez être proactif et stratégique dans votre recherche d'emploi.

Le réseautage est essentiel. Je ne saurais trop insister sur ce point. Établir des relations avec des avocats, des anciens élèves, des professeurs et d'autres professionnels du droit peut ouvrir la porte à des opportunités d'emploi dont vous ignoriez peut-être l'existence. Assistez à des événements juridiques, rejoignez des associations professionnelles et contactez des personnes dans le domaine de votre choix pour des entretiens d'information. N'ayez pas peur de vous montrer et d'établir des liens. Après tout, vous ne savez jamais qui pourrait avoir une piste pour l'emploi de vos rêves.

Ensuite, parlons des CV et des lettres de motivation. Votre CV est votre première impression sur les employeurs potentiels, il est donc crucial de le faire valoir. Adaptez votre CV à chaque emploi pour lequel vous postulez, en mettant en évidence les compétences, expériences et réalisations pertinentes. Et n'oubliez pas votre lettre de motivation : c'est votre chance de raconter votre histoire et d'expliquer pourquoi vous êtes la personne idéale pour le poste. Gardez-le concis, professionnel et sans erreur, et assurez-vous de le personnaliser pour chaque application.

Parlons maintenant des sites d'emploi. Bien que le réseautage soit inestimable, les sites d'emploi peuvent également être un outil précieux dans votre arsenal de recherche d'emploi. Des sites Web comme Indeed, LinkedIn et Lawjobs.com proposent souvent des listes de postes juridiques de premier échelon. Configurez des alertes d'emploi, parcourez régulièrement les offres et n'ayez pas peur de ratisser large. Vous ne savez jamais d'où pourrait venir votre prochaine opportunité.

Les recruteurs juridiques peuvent également être une ressource précieuse. Ces professionnels se spécialisent dans la mise en relation de candidats avec des offres d'emploi dans des cabinets d'avocats, des services juridiques d'entreprise, des agences gouvernementales et d'autres organisations juridiques. Contactez les recruteurs juridiques de votre région, soumettez votre CV et faites-leur savoir ce que vous recherchez dans un emploi. Ils peuvent vous aider à vous mettre en contact avec des opportunités qui correspondent à vos compétences et à vos objectifs de carrière.

Une autre piste à explorer est celle des stages et des externats. Ces postes à court terme peuvent offrir une expérience pratique précieuse, vous aider à rédiger votre CV et éventuellement déboucher sur un emploi à temps plein. Contactez les cabinets d'avocats, les agences gouvernementales et les organisations à but non lucratif de votre région pour vous renseigner sur les opportunités de stage. Même s'ils n'ont aucune ouverture répertoriée, cela ne fait jamais de mal de demander.

Parlons maintenant de la préparation aux entretiens. Décrocher un entretien représente la moitié de la bataille, il est donc important de faire forte impression lorsque vous en avez l'occasion. Recherchez au préalable l'entreprise ou l'organisation, pratiquez vos réponses aux questions d'entretien courantes et soyez prêt à discuter de vos qualifications et de vos expériences en détail. Habillez-vous professionnellement, arrivez à l'heure et apportez des copies de votre curriculum vitae et de tout autre document pertinent. Et n'oubliez pas d'envoyer une note de remerciement après l'entretien : c'est un geste simple qui peut aller très loin.

Un aspect de la recherche d'emploi qui est souvent négligé est l'importance de bâtir une présence en ligne. À l'ère numérique d'aujourd'hui, les employeurs recherchent souvent des candidats en ligne avant de prendre des décisions d'embauche. Assurez-vous que votre profil LinkedIn est à jour et professionnel, et envisagez de créer un site Web ou un blog personnel pour présenter votre travail et vos réalisations. Gardez vos profils de réseaux sociaux propres et professionnels, et faites attention à ce que vous publiez en ligne : cela pourrait revenir vous hanter.

Enfin, parlons de persévérance. Le marché du travail légal peut être compétitif et le rejet est monnaie courante. Ne vous découragez pas si vous ne décrochez pas immédiatement l'emploi de vos rêves. Continuez à réseauter, continuez à postuler et continuez à perfectionner vos compétences. Votre premier emploi n'est peut-être pas l'emploi de vos rêves, mais c'est un tremplin vers des opportunités plus grandes et meilleures à l'avenir.

En conclusion, décrocher un premier emploi d'avocat nécessite une approche proactive et stratégique alliant réseautage, candidature à des postes et mise en valeur de vos compétences et de votre expérience. En tirant parti de votre réseau professionnel, en personnalisant vos documents de candidature, en explorant diverses voies de recherche d'emploi et en vous préparant minutieusement aux entretiens, vous pouvez augmenter vos chances de décrocher ce premier emploi tant convoité. N'oubliez pas que Rome ne s'est pas construite en un jour et qu'une carrière juridique réussie ne l'est pas non plus. Alors, restez concentré, persévérant et avant de vous en rendre compte, vous serez sur la bonne voie pour atteindre vos objectifs de carrière. Bonne chance!

Se préparer aux entretiens : réussir votre chemin vers l'emploi de vos rêves

Très bien, attachez votre ceinture car nous plongeons dans le vif du sujet de la préparation de l'entretien. Que vous cherchiez votre premier emploi juridique ou que vous cherchiez à progresser dans votre carrière, réussir l'entretien est crucial. Alors retroussons nos manches et préparons-nous à éblouir les responsables du recrutement.

Tout d'abord : la recherche, la recherche, la recherche. Je ne saurais trop insister sur ce point. Avant même de penser à mettre les pieds dans cette salle d'entretien, vous devez savoir tout ce qu'il y a à savoir sur l'entreprise ou l'organisation avec laquelle vous interviewez. Quel type de droit pratiquent-ils ? Quelles sont leurs valeurs fondamentales ? Qui sont leurs principaux clients ou partenaires ? Plus vous en saurez, mieux vous serez équipé pour adapter vos réponses et démontrer votre enthousiasme pour le rôle.

Parlons ensuite des questions classiques d'entretien. Vous connaissez celles dont je parle : parlez-moi de vous, quelles sont vos forces et vos faiblesses, pourquoi souhaitez-vous travailler ici, etc. Ces questions peuvent paraître simples, mais ce sont souvent celles qui font trébucher les gens. La clé est de pratiquer vos réponses au préalable afin de pouvoir répondre avec assurance et concision. Et n'oubliez pas de parsemer de quelques exemples spécifiques tirés de vos expériences passées pour étayer vos affirmations.

Parlons maintenant des boules courbes. Chaque entretien en comporte : des questions inattendues qui vous prennent au dépourvu et vous laissent chercher une réponse. La clé pour répondre à ces questions est de rester calme, de réfléchir vite et d'être honnête. Si vous ne connaissez pas la réponse, vous pouvez le dire. Assurez-vous simplement de donner une réponse réfléchie ou un exemple de la façon dont vous aborderiez la recherche de la réponse.

Un aspect de la préparation à l'entretien qui est souvent négligé est l'importance de pratiquer votre argumentaire éclair. C'est votre chance de résumer succinctement qui vous êtes, ce que vous faites et pourquoi vous êtes la personne idéale pour le poste, le tout dans le temps qu'il faut pour prendre un ascenseur. C'est un outil précieux pour les événements de réseautage, les salons de l'emploi et, vous l'aurez deviné, les entretiens d'embauche. Alors, peaufinez votre argumentaire éclair et soyez prêt à le présenter en toute confiance.

Parlons maintenant de la tenue vestimentaire. Oui, les apparences comptent, surtout dans la profession juridique. S'habiller de manière professionnelle montre du respect pour le processus d'entretien et démontre votre compréhension des normes et des attentes de l'industrie. En cas de doute, faites preuve de prudence et optez pour une tenue vestimentaire conservatrice. Un costume bien ajusté, des chaussures cirées et des accessoires minimes sont votre meilleur choix.

Ensuite, parlons de logistique. Assurez-vous de connaître la logistique de l'entretien : où il se déroule, qui vous rencontrez et comment vous y rendre. Arrivez tôt, mais pas trop tôt (dix à quinze minutes est le moment idéal) et apportez des copies de votre curriculum vitae et de tout autre document pertinent. Et n'oubliez pas de mettre votre téléphone en mode silencieux : vous ne voulez pas qu'il sonne au milieu de votre entretien !

Maintenant, parlons du langage corporel. Les signaux non verbaux peuvent en dire long lors d'un entretien, il est donc important de prêter attention à votre langage corporel. Maintenez un contact visuel, asseyez-vous droit et évitez de bouger ou de croiser les bras. Une poignée de main ferme et un sourire sincère peuvent grandement contribuer à faire une impression positive.

Enfin et surtout, parlons du suivi. Après l'entretien, assurez-vous d'envoyer une note de remerciement à votre (vos) intervieweur(s) exprimant votre gratitude pour l'opportunité et réitérant votre intérêt pour le poste. C'est un geste simple qui peut laisser une impression durable et vous démarquer des autres candidats.

En conclusion, la préparation aux entretiens est une question de recherche, de pratique et de confiance. En effectuant des recherches approfondies sur l'entreprise, en pratiquant vos réponses aux questions d'entretien courantes et en prêtant attention à votre apparence et à votre langage corporel, vous pouvez augmenter vos chances de réussite et décrocher l'emploi de vos rêves. Alors, allez-y : mettez-vous au travail, montrez-leur de quoi vous êtes fait et laissez briller vos prouesses juridiques. Bonne chance!

Intégration et orientation : naviguer dans vos premiers jours dans le monde juridique

Toutes nos félicitations! Vous avez décroché votre premier emploi dans le domaine juridique et il est maintenant temps de vous lancer dans votre parcours d'intégration et d'orientation. C'est votre chance de vous familiariser avec votre nouveau lieu de travail, de rencontrer vos collègues et d'apprendre les ficelles de votre nouveau rôle. Alors, plongeons-nous et assurons-nous que vous soyez opérationnel.

Tout d'abord, parlons de logistique. Votre première journée de travail peut être éprouvante, il est donc important de savoir à quoi s'attendre. Assurez-vous d'avoir tous les documents nécessaires remplis et tous les documents requis (comme les informations d'identification et bancaires) à portée de main. Familiarisez-vous avec le code vestimentaire, les heures de bureau et toute autre politique ou procédure que vous devrez suivre.

Ensuite, parlons des présentations. Vous rencontrerez probablement beaucoup de nouveaux visages dès votre premier jour, il est donc important de faire bonne impression. Souriez, établissez un contact visuel et offrez une poignée de main ferme lorsque vous rencontrez vos collègues. Souvenez-vous de leurs noms et n'ayez pas peur de poser des questions ou d'engager une conversation : c'est un excellent moyen de briser la glace et de commencer à nouer des relations.

Parlons maintenant de votre installation. Votre service RH aura probablement mis en place un programme d'intégration complet pour vous aider à vous acclimater à votre nouveau rôle et à l'organisation dans son ensemble. Cela peut inclure des séances d'orientation, des programmes de formation et des présentations au personnel clé. Profitez de ces ressources : elles sont conçues pour vous préparer à réussir dans votre nouveau poste.

Au cours de votre processus d'intégration, vous souhaiterez également vous familiariser avec les outils et les systèmes que vous utiliserez au quotidien. Cela peut inclure des logiciels, des bases de données et des outils de communication. N'ayez pas peur de demander de l'aide si vous en avez besoin : vos collègues sont là pour vous soutenir pendant que vous apprenez les ficelles du métier.

Ensuite, parlons de la définition des attentes. Votre responsable s'assoira probablement avec vous au cours de votre première semaine pour discuter de votre rôle, de vos responsabilités et de vos objectifs. C'est votre chance de poser des questions, de clarifier vos attentes et d'avoir une idée de ce à quoi ressemble la réussite dans votre nouveau poste. Soyez ouvert et réceptif aux commentaires, et n'hésitez pas à faire part de vos préoccupations ou défis auxquels vous pourriez être confronté.

Parlons maintenant de l'intégration dans l'équipe. Établir des relations avec vos collègues est crucial pour votre réussite dans votre nouveau rôle. Prenez le temps de faire connaissance avec vos coéquipiers, tant professionnellement que personnellement. Proposez votre aide là où vous le pouvez et soyez proactif dans la recherche d'opportunités de collaboration et de contribution aux projets d'équipe.

Alors que vous vous installez dans votre nouveau rôle, n'oubliez pas de prendre soin de vous. La transition vers un nouvel emploi peut être stressante, il est donc important de donner la priorité aux soins personnels pendant cette période. Prenez le temps de faire de l'exercice, de vous détendre et de pratiquer des activités qui vous apportent de la joie en dehors du travail. Et n'ayez pas peur de vous appuyer sur votre réseau de soutien pour obtenir des conseils et des encouragements tout au long de ce nouveau chapitre de votre carrière.

En conclusion, l'intégration et l'orientation sont des étapes cruciales dans votre parcours en tant que nouvelle recrue dans le monde juridique. En vous familiarisant avec votre nouveau lieu de travail, en établissant des relations avec vos collègues et en définissant des attentes claires pour votre rôle, vous pouvez être opérationnel et vous préparer à réussir dans votre nouveau poste. Alors, saisissez l'opportunité d'apprendre et de grandir, et préparez-vous à laisser votre marque dans le monde juridique !

Gestion du temps et organisation : maîtriser le chaos juridique

Bienvenue dans le monde chaotique de la pratique juridique, où les délais se profilent comme des nuages d'orage et où le temps presse toujours. Dans cet environnement en évolution rapide, maîtriser la gestion du temps et l'organisation n'est pas seulement une compétence : c'est une tactique de survie. Alors, prenez votre calendrier et votre liste de choses à faire, car nous plongeons dans l'art de lutter contre le chaos et d'en sortir victorieux.

Commençons par les bases : la gestion du temps. Dans le monde juridique, le temps est votre ressource la plus précieuse, et la façon dont vous l'attribuez peut faire ou défaire votre réussite. La clé est d'établir des priorités sans pitié. Commencez chaque journée en identifiant vos tâches les plus importantes et en les abordant en premier. Qu'il s'agisse de rédiger un brief, de mener des recherches ou de rencontrer un client, concentrez votre énergie sur les tâches qui auront le plus grand impact sur votre travail.

Parlons ensuite de la définition d'objectifs. Avoir des objectifs clairs et réalisables est essentiel pour rester concentré et motivé dans la profession juridique. Qu'il s'agisse d'attirer un nouveau client, de gagner une affaire ou de maîtriser un nouveau domaine du droit, fixez-vous des objectifs spécifiques et mesurables qui correspondent à vos objectifs à long terme. Décomposez-les en tâches plus petites et gérables et suivez vos progrès en cours de route.

Parlons maintenant de planification. Un plan bien pensé peut faire la différence entre une navigation en douceur et un écrasement sur les rochers. Prenez le temps de planifier votre journée, votre semaine et votre mois, en identifiant les délais, les réunions et autres engagements. Utilisez des outils tels que des calendriers, des listes de tâches et des logiciels de gestion de projet pour rester organisé et sur la bonne voie. Et n'oubliez pas de prévoir du temps tampon pour les retards inattendus ou les urgences : il vaut mieux surestimer que sous-estimer.

Un aspect de la gestion du temps qui est souvent négligé est l'importance de fixer des limites. Dans une profession où le bourreau de travail est pratiquement un insigne d'honneur, il est facile de tomber dans le piège du travail 24 heures sur 24. Mais l'épuisement professionnel constitue un réel danger et il est important de donner la priorité à votre bien-être physique et mental. Fixez des limites à vos heures de travail, prenez des pauses régulières et consacrez du temps à des activités en dehors du travail qui rechargent vos batteries.

Parlons de délégation. En tant qu'avocat, vous n'êtes pas censé tout faire vous-même. Apprenez à déléguer des tâches au personnel de soutien, aux associés juniors ou même à la technologie, le cas échéant. Déléguer non seulement vous libère du temps pour vous concentrer sur un travail à plus forte valeur ajoutée, mais contribue également à développer les compétences et les capacités des membres de votre équipe.

Parlons maintenant de rester organisé. Dans une profession où les traces écrites sont reines, il est crucial de garder vos dossiers, documents et notes organisés.

Développez un système pour organiser vos fichiers numériques et physiques, que ce soit par cas, client ou sujet. Utilisez des étiquettes, des dossiers et des codes couleur pour que tout reste propre et bien rangé, et assurez-vous que votre système est facilement accessible et évolutif à mesure que votre charge de travail augmente.

En parlant d'organisation, parlons de gestion des emails. Dans le monde juridique, le courrier électronique est le principal mode de communication et il est facile pour votre boîte de réception de devenir un gouffre sans fond de messages non lus. Développez un système de gestion de votre courrier électronique, qu'il s'agisse d'utiliser des dossiers, des étiquettes ou des filtres pour hiérarchiser et catégoriser les messages entrants. Prévoyez du temps chaque jour pour traiter vos e-mails et résistez à l'envie de vérifier constamment votre boîte de réception : cela tue la productivité.

Maintenant, parlons de dire non. En tant qu'avocat, vous vous retrouverez souvent tiraillé dans des millions de directions différentes, avec des exigences concurrentes en matière de temps et d'attention. Apprendre à dire non – poliment mais fermement – est une compétence essentielle pour protéger votre temps et votre énergie. Évaluez chaque demande qui vous est adressée et soyez sélectif quant à l'endroit où vous choisissez d'investir vos ressources.

Parlons d'amélioration continue. La profession juridique est en constante évolution et pour garder une longueur d'avance, il faut s'engager en faveur de l'apprentissage et du développement tout au long de la vie. Prenez le temps de consacrer des activités de développement professionnel, qu'il s'agisse d'assister à des séminaires, de suivre des cours en ligne ou de lire des revues juridiques. Investissez en vous-même et dans vos compétences, et vous récolterez les fruits de votre carrière.

Enfin, parlons de réflexion. Prenez le temps de réfléchir régulièrement à votre gestion du temps et à vos pratiques organisationnelles, en identifiant ce qui fonctionne bien et ce qui pourrait être amélioré. Soyez honnête avec vous-même quant à vos lacunes et soyez proactif en apportant des changements pour remédier à vos faiblesses. L'amélioration continue est un cheminement, pas une destination, et rester vigilant est la clé pour maintenir des performances optimales.

En conclusion, maîtriser la gestion du temps et l'organisation est essentiel pour réussir dans la profession juridique. En établissant des priorités sans pitié, en fixant des objectifs clairs, en planifiant stratégiquement et en restant organisé, vous pouvez naviguer dans le chaos de la pratique juridique avec confiance et facilité. Alors, acceptez le chaos, perfectionnez vos compétences organisationnelles et préparez-vous à conquérir le monde juridique !

Recherche et rédaction juridiques : libérer le pouvoir de persuasion

Bienvenue dans le pain quotidien de la profession juridique : la recherche et la rédaction juridiques. Dans le monde juridique, la plume est véritablement plus puissante que l'épée, et la maîtrise de l'art de la recherche et de la rédaction juridiques est essentielle au succès. Alors, prenez votre surligneur et votre fidèle dictionnaire juridique, car nous plongeons dans le monde de la jurisprudence, des lois et de la prose persuasive.

Commençons par la recherche juridique. À la base, la recherche juridique consiste à trouver l'aiguille dans la botte de foin : la jurisprudence, les lois, les règlements et d'autres sources juridiques qui étayeront votre argument ou renforceront votre position. Que vous rédigiez un mémoire, prépariez un procès ou conseilliez un client, il est essentiel de disposer d'une base solide de compétences en recherche juridique.

Alors, par où commencer ? Eh bien, tout commence par la compréhension du problème juridique en question. Quels sont les faits essentiels de l'affaire ? Quels sont les principes et doctrines juridiques pertinents ? Une fois que vous avez bien compris le problème, il est temps de consulter les livres ou, plus probablement, les bases de données en ligne.

La recherche juridique peut être un peu comme un travail de détective, vous obligeant à parcourir la jurisprudence, les lois et les sources secondaires pour trouver les autorités pertinentes et les arguments convaincants. Commencez par des sources primaires telles que la jurisprudence et les lois, en utilisant des mots-clés et des opérateurs booléens pour affiner votre recherche et trouver l'autorité pertinente. Ensuite, plongez dans des sources secondaires telles que des encyclopédies juridiques, des traités et des articles de revue de droit pour approfondir votre compréhension du problème et identifier des autorités supplémentaires.

Lorsque vous effectuez vos recherches, assurez-vous d'évaluer l'autorité et la pertinence des sources que vous trouvez. Toutes les affaires ne sont pas égales et il est important de donner la priorité à celles qui lient le tribunal devant lequel vous comparaissez ou qui ont une valeur convaincante dans votre juridiction. Recherchez des affaires présentant des faits ou des problèmes juridiques similaires aux vôtres et prêtez attention à la manière dont les tribunaux ont interprété et appliqué la loi dans des situations similaires.

Parlons maintenant de la rédaction juridique. La rédaction juridique est une bête unique, exigeant précision, clarté et pouvoir de persuasion. Que vous rédigiez un mémoire, un mémorandum ou un contrat, l'objectif est le même : présenter vos arguments d'une manière logique et convaincante qui convainc votre public du bien-fondé de votre position.

La clé d'une rédaction juridique efficace est l'organisation. Votre écriture doit suivre une structure claire et logique qui guide le lecteur étape par étape dans votre argumentation. Commencez par une introduction solide qui prépare le terrain pour votre argumentation et donne un aperçu des questions dont vous allez discuter.

Passez ensuite au corps de votre écriture, où vous présenterez vos arguments et preuves à l'appui de manière cohérente et organisée. Enfin, concluez par un résumé concis de votre argument et un appel à l'action.

Mais l'organisation n'est qu'un début. La rédaction juridique nécessite également de la précision et une attention aux détails. Chaque mot compte, alors choisissez votre langue avec soin et tenez compte de la terminologie et des conventions juridiques. Utilisez des citations pour étayer vos arguments et étayer vos affirmations, et respectez le formatage et le style de citation requis par votre juridiction ou votre tribunal.

La persuasion est le maître mot de la rédaction juridique, et maîtriser l'art de la persuasion nécessite une compréhension approfondie de votre public et de ses motivations. Mettez-vous à la place du juge, du jury ou de l'avocat adverse et adaptez votre écriture pour répondre à leurs préoccupations et à leurs intérêts. Anticipez les contre-arguments et affrontez-les de front, en utilisant la logique, les preuves et les stratégies rhétoriques pour renforcer votre position.

Et n'oubliez pas l'édition et la relecture. La rédaction juridique est connue pour sa complexité et sa densité. Il est donc essentiel d'examiner et de réviser soigneusement votre travail pour garantir sa clarté et son exactitude. Recherchez les erreurs grammaticales, les fautes de frappe et les incohérences, et assurez-vous que votre écriture est soignée et professionnelle avant de la soumettre.

En conclusion, la recherche et la rédaction juridiques sont des compétences essentielles pour réussir dans la profession juridique. En maîtrisant l'art de la recherche juridique, vous pouvez trouver les autorités et les arguments dont vous avez besoin pour étayer votre cause. Et en perfectionnant vos compétences en rédaction juridique, vous pouvez élaborer des arguments convaincants et convaincants qui l'emporteront devant les tribunaux. Alors, relevez le défi, taillez vos crayons et préparez-vous à libérer le pouvoir de persuasion dans le domaine juridique.

Communication client : naviguer dans l'art d'un dialogue efficace

Bienvenue sur la ligne de front du champ de bataille juridique : la communication avec les clients. Dans la profession juridique, communiquer efficacement avec les clients n'est pas seulement une compétence, c'est une forme d'art. Alors, prenez votre bloc-notes et vos oreilles attentives, car nous plongeons dans le monde de la relation client, de l'empathie et de la communication claire.

Commençons par les bases : établir des relations. Établir la confiance et les relations avec vos clients est la base d'une communication efficace. Prenez le temps d'apprendre à connaître vos clients en tant qu'individus : découvrez leurs noms, leurs histoires et leurs préoccupations. Montrez un réel intérêt pour leur cas et leur bien-être, et faites-leur savoir que vous êtes à leurs côtés à chaque étape du processus.

Parlons maintenant de l'écoute active. Une communication efficace commence par l'écoute, et je veux dire par l'écoute réelle. Lorsque vos clients parlent, accordez-leur toute votre attention : rangez votre téléphone, fermez votre ordinateur portable et établissez un contact visuel. Posez des questions ouvertes pour les encourager à partager leurs pensées et leurs sentiments, et n'ayez pas peur de faire une pause et de réfléchir à ce qu'ils ont dit avant de répondre. N'oubliez pas qu'il ne s'agit pas seulement d'entendre leurs paroles, il s'agit de comprendre leur point de vue et leurs besoins.

Parlons ensuite de transparence. La transparence est essentielle pour établir la confiance avec vos clients. Soyez franc et honnête sur les forces et les faiblesses de leur dossier, les risques et les récompenses potentiels, ainsi que les résultats probables. Évitez le jargon juridique et la terminologie complexe : expliquez les choses dans un langage simple que vos clients peuvent comprendre. Et n'hésitez pas à demander des éclaircissements s'ils semblent confus ou incertains.

Parlons maintenant de la définition des attentes. Gérer les attentes de vos clients est crucial pour éviter les malentendus et les frustrations. Soyez clair et réaliste sur ce que vous pouvez et ne pouvez pas faire pour eux, le calendrier de leur cas et les coûts impliqués. Fournissez des mises à jour régulières sur l'avancement de leur dossier et soyez proactif en répondant à toutes les préoccupations ou questions qu'ils pourraient avoir en cours de route.

Parlons d'empathie. L'empathie est la sauce secrète d'une communication efficace avec les clients : c'est ce qui différencie les bons avocats des grands. Mettez-vous à la place de vos clients et essayez de comprendre leur point de vue, leurs émotions et leurs motivations. Faites preuve de compassion et d'empathie pour leurs luttes et leurs défis, et rassurez-les en leur disant que vous êtes là pour les soutenir contre vents et marées.

Ensuite, parlons des limites. S'il est important de faire preuve d'empathie et de soutien, il est également important de maintenir des limites professionnelles avec vos clients. Soyez clair sur votre rôle en tant que défenseur et conseiller et évitez de vous impliquer trop personnellement dans leurs affaires. Fixez des limites à votre disponibilité et à votre accessibilité, et n'ayez pas peur de les faire respecter si nécessaire.

Parlons des canaux de communication. À l'ère numérique d'aujourd'hui, il existe d'innombrables façons de communiquer avec les clients : appels téléphoniques, e-mails, messages texte, vidéoconférences, etc. Choisissez les canaux de communication qui fonctionnent le mieux pour vous et vos clients, et soyez réactif et accessible sur toutes les plateformes. Et n'oubliez pas les réunions en personne : rien ne remplace le lien personnel qui découle d'une rencontre avec vos clients en personne

Enfin, parlons de documentation. Documenter vos communications avec les clients n est pas seulement une bonne pratique, c'est essentiel pour vous protéger et protéger vos clients en cas de litige. Conservez des enregistrements détaillés de vos conversations, réunions et correspondance, y compris les dates, les heures et les principaux points à retenir. Soyez complet et précis dans votre documentation et assurez-vous de respecter toutes les exigences légales ou éthiques en matière de tenue de dossiers.

En conclusion, une communication efficace avec les clients est la pierre angulaire du succès dans la profession juridique. En établissant des relations de confiance, en écoutant activement, en faisant preuve de transparence et d'empathie, en fixant des attentes claires, en respectant les limites professionnelles, en choisissant les bons canaux de communication et en documentant vos communications, vous pouvez favoriser des relations solides et positives avec vos clients qui mènent à des résultats positifs. Alors, adoptez l'art du dialogue efficace et préparez-vous à avoir un impact significatif dans la vie de vos clients.

Étiquette dans la salle d'audience : naviguer dans les couloirs de justice avec grâce et professionnalisme

Bienvenue dans les salles de justice sacrées, où le décorum règne en maître et où l'étiquette de la salle d'audience peut faire ou défaire votre cause. Dans la profession juridique, savoir comment se comporter dans la salle d'audience est essentiel pour gagner le respect des juges, des jurys et de vos collègues avocats. Alors, dépoussiérez votre plus beau costume et peaufinez vos manières, car nous plongeons dans le monde de l'étiquette dans la salle d'audience.

Commençons par les bases : le code vestimentaire. Dans la salle d'audience, les premières impressions comptent et votre comparution en dit long sur votre professionnalisme et votre respect du processus judiciaire. S'habiller convenablement est un signe de respect envers le tribunal et les procédures, il est donc important de respecter le code vestimentaire. Pour les hommes, cela signifie généralement un costume sombre, une chemise habillée et une cravate classique. Pour les femmes, un costume ajusté, un chemisier et des chaussures fermées sont la norme. Évitez les accessoires flashy, les bijoux excessifs et tout ce qui est trop décontracté ou révélateur. N'oubliez pas qu'il vaut mieux être trop habillé que pas assez dans la salle d'audience.

Parlons ensuite de ponctualité. Dans le monde juridique, le temps presse et être en retard est un péché capital. Arrivez tôt pour les comparutions au tribunal, les réunions et les rendez-vous afin de laisser du temps pour les contrôles de sécurité, les enregistrements et tous les préparatifs de dernière minute. Être ponctuel montre non seulement du respect envers le tribunal et vos collègues, mais vous donne également le temps de rassembler vos pensées et de vous ressaisir avant le début de la procédure.

Parlons maintenant du décorum de la salle d'audience. Dans la salle d'audience, le décorum est essentiel au maintien de l'ordre et à la garantie d'une procédure juste et impartiale. Lorsque vous vous adressez au juge ou au jury, levez-vous et adressez-vous à eux avec respect : « Votre Honneur » ou « Mesdames et Messieurs du jury ». Évitez d'interrompre les autres pendant qu'ils parlent et attendez votre tour pour parler. Et adressez-vous toujours aux avocats et aux témoins de la partie adverse avec courtoisie et professionnalisme, même si vous êtes totalement en désaccord avec eux.

Parlons du comportement en salle d'audience. Dans le feu de l'action, il est facile de laisser vos émotions prendre le dessus sur vous, mais maintenir une attitude calme et posée est crucial pour un plaidoyer efficace. Gardez votre sang-froid, même face à des questions agressives ou à des remarques provocatrices. Maintenez une expression faciale neutre et évitez de rouler des yeux, de soupirer ou de faire d'autres gestes qui pourraient être interprétés comme irrespectueux ou méprisant. N'oubliez pas que la salle d'audience n'est pas le lieu idéal pour faire du théâtre ou de la démagogie, sauf pour la scène.

Parlons maintenant de la technologie des salles d'audience. À l'ère numérique d'aujourd'hui, la technologie joue un rôle de plus en plus important dans les salles d'audience, depuis les systèmes de classement électronique jusqu'aux présentations multimédias. Familiarisez-vous avec la technologie utilisée dans votre salle d'audience, qu'il s'agisse de caméras de documents, de logiciels de vidéoconférence ou d'expositions numériques. Entraînez-vous à utiliser la technologie avant votre comparution devant le tribunal pour garantir des présentations fluides et transparentes.

Parlons de la communication en salle d'audience. Une communication efficace est la clé du succès dans la salle d'audience, que vous présentiez des arguments, interrogeiez des témoins ou vous adressiez au jury. Parlez clairement et avec assurance et utilisez un langage adapté à votre public. Évitez le jargon juridique et la terminologie complexe : expliquez les concepts dans un langage simple que le juge et le jury peuvent comprendre. Et soyez toujours prêt à étayer vos arguments par des preuves et une autorité légale.

Parlons ensuite de la procédure judiciaire. Chaque salle d'audience a son propre ensemble de règles et de procédures, et il est important de vous familiariser avec celles-ci avant votre comparution. Consultez les règles de procédure locales, les ordonnances permanentes du juge et toutes les lois ou jurisprudences applicables qui régissent la procédure. Et n'hésitez pas à poser des questions si vous n'êtes pas sûr d'un aspect quelconque de la procédure : mieux vaut demander des éclaircissements que commettre une erreur coûteuse.

Parlons maintenant de la défense devant les tribunaux. En tant qu'avocat, votre rôle principal dans la salle d'audience est de défendre avec zèle les intérêts de votre client. Mais plaidoyer ne signifie pas agression. Cela signifie présenter votre cas de manière convaincante et efficace, tout en respectant les règles de décorum et de professionnalisme. Écoutez attentivement les arguments de l'avocat adverse, répondez de manière réfléchie et gardez toujours à cœur le meilleur intérêt de votre client.

Parlons de l'éthique des tribunaux. Dans la poursuite de la justice, il est essentiel de maintenir les normes d'éthique et d'intégrité les plus élevées. Évitez de vous livrer à une conduite malhonnête, trompeuse ou contraire à l'éthique et respectez toujours les règles de déontologie professionnelle et le code de déontologie des avocats. Respectez les droits de toutes les parties impliquées dans la procédure et ne compromettez jamais votre intégrité dans le seul but de gagner un procès.

Enfin, parlons de l'étiquette en salle d'audience en dehors de la salle d'audience. Dans la profession juridique, votre comportement à l'extérieur de la salle d'audience peut avoir tout autant d'impact sur votre réputation que votre comportement à l'intérieur de la salle d'audience. Traitez le personnel du tribunal, vos collègues et les avocats de la partie adverse avec respect et courtoisie à tout moment, que vous soyez dans le couloir, dans la salle de conférence ou au café du coin. Et n'oubliez jamais que vous êtes un représentant de la profession juridique : agissez en conséquence.

En conclusion, l'étiquette en salle d'audience est une compétence essentielle pour réussir dans la profession juridique. En adhérant aux principes de professionnalisme, de respect et d'intégrité, vous pouvez naviguer dans les couloirs de la justice avec grâce et dignité. Alors, restez debout, parlez clairement et comportez-vous à tout moment avec le plus grand professionnalisme. La salle d'audience est votre scène : faites en sorte que chaque performance compte.

Techniques de négociation : maîtriser l'art de la persuasion

Bienvenue sur le champ de bataille de la négociation, où les mots sont des armes et où la stratégie est reine. Dans la profession juridique, maîtriser l'art de la négociation est essentiel pour obtenir des résultats favorables pour vos clients. Alors, aiguisez votre intelligence et préparez-vous à déjouer vos adversaires, car nous plongeons dans le monde des techniques de négociation.

Commençons par les bases : la préparation. Les négociations réussies ne se produisent pas par hasard : elles sont le résultat d'une planification et d'une préparation minutieuses. Avant d'entamer des négociations, prenez le temps de bien étudier les enjeux, de comprendre les objectifs et les priorités de votre client et d'anticiper les arguments et les tactiques de l'autre partie. La connaissance, c'est le pouvoir, et plus vous en savez, mieux vous serez équipé pour négocier efficacement.

Parlons maintenant de la fixation d'objectifs. Avant de vous asseoir à la table des négociations, il est essentiel de bien comprendre ce que vous espérez réaliser. Fixez des objectifs spécifiques et mesurables pour la négociation, qu'il s'agisse d'obtenir un règlement favorable, d'obtenir certaines concessions ou de parvenir à un accord mutuellement avantageux. Connaissez vos résultats financiers – le point auquel vous êtes prêt à vous retirer – et soyez prêt à vous y tenir.

Ensuite, parlons de l'établissement de relations. Établir des relations avec l'autre partie est crucial pour établir la confiance et créer un environnement de négociation positif. Trouvez un terrain d'entente, faites preuve d'empathie et de compréhension, et soyez respectueux et courtois à tout moment. N'oubliez pas que la négociation n'est pas un jeu à somme nulle : il s'agit de trouver des solutions qui satisfont les intérêts des deux parties.

Parlons d'écoute active. Une négociation efficace ne consiste pas seulement à parler, mais aussi à écouter. Écoutez attentivement les préoccupations, les intérêts et les priorités de l'autre partie et essayez de comprendre son point de vue. Posez des questions ouvertes pour les encourager à partager leurs pensées et leurs sentiments et démontrez que vous êtes véritablement intéressé à trouver une solution qui fonctionne pour les deux parties.

Parlons maintenant du cadrage. Le cadrage est une technique de persuasion puissante qui consiste à façonner la façon dont l'autre partie perçoit les problèmes en question. Présentez vos arguments et propositions de manière à mettre en valeur leurs avantages et à minimiser leurs inconvénients. Utilisez un langage positif et une rhétorique convaincante pour faire valoir votre point de vue et soyez prêt à contrer toute objection ou critique avec des arguments et des preuves convaincants.

Parlons de concessions. La négociation est une question de concessions mutuelles, et les concessions sont une partie inévitable du processus. Soyez prêt à faire des concessions si nécessaire, mais faites-le de manière stratégique. Commencez par de petites concessions de faible valeur et progressez progressivement vers des concessions plus importantes. Et demandez toujours quelque chose en retour : la négociation est une voie à double sens et vous ne devriez jamais donner quelque chose pour rien.

Parlons ensuite des tactiques de négociation. Il existe d'innombrables tactiques et stratégies que vous pouvez utiliser pour obtenir un avantage dans les négociations, de l'ancrage et du miroir au bluff et à l'obstruction. Expérimentez différentes tactiques et techniques pour voir ce qui fonctionne le mieux pour vous et votre style de négociation, et soyez prêt à adapter votre approche en fonction des circonstances et du comportement de l'autre partie.

Parlons de résolution créative de problèmes. Parfois, la clé d'une négociation réussie ne réside pas dans la recherche d'un terrain d'entente, mais dans la capacité à sortir des sentiers battus et à explorer des solutions créatives aux problèmes en jeu. Réfléchissez à des options alternatives, envisagez des compromis et des compromis, et soyez ouvert aux idées innovantes qui ne vous étaient peut-être pas venues à l'esprit au départ. Plus vous serez flexible et créatif, plus vous aurez de chances de trouver une solution qui satisfasse les intérêts des deux parties.

Enfin, parlons de la conclusion de l'affaire. La conclusion d'un accord est souvent la partie la plus difficile du processus de négociation, mais c'est aussi la plus cruciale. Une fois que vous êtes parvenu à un accord, résumez clairement les termes et assurez-vous que les deux parties les comprennent et les acceptent. Mettez l'accord par écrit, si possible, et soyez prêt à donner suite à toute documentation ou action nécessaire pour finaliser l'accord. Et terminez toujours la négociation sur une note positive, en exprimant votre gratitude et votre bonne volonté envers l'autre partie.

En conclusion, la négociation est à la fois un art et une science, qui nécessite une planification minutieuse, une réflexion stratégique et une communication efficace. En maîtrisant les techniques de négociation telles que la préparation, l'établissement d'objectifs, l'établissement de relations, l'écoute active, le cadrage, les concessions, les tactiques, la résolution créative de problèmes et la conclusion de la transaction, vous pouvez obtenir des résultats favorables pour vos clients et bâtir votre réputation de spécialiste. négociateur dans la profession juridique. Alors, armez-vous de connaissances, perfectionnez vos compétences de persuasion et préparez-vous à remporter la victoire lors de votre prochaine négociation.

Construire votre réseau professionnel : établir des liens et favoriser la réussite

Bienvenue dans le monde du réseautage professionnel, où les relations sont monnaie courante et où les connexions peuvent ouvrir les portes à de nouvelles opportunités. Dans la profession juridique, la constitution d'un réseau professionnel solide est essentielle pour faire progresser votre carrière, acquérir des informations précieuses et ouvrir les portes à de nouvelles opportunités. Alors, prenez vos cartes de visite et votre argumentaire, car nous plongeons dans le monde du réseautage.

Commençons par les bases : définir vos objectifs. Avant de vous lancer dans le réseautage, prenez le temps de réfléchir à ce que vous espérez réaliser. Cherchez-vous à élargir votre clientèle, à trouver un mentor ou à explorer de nouvelles opportunités de carrière ? Avoir des objectifs clairs vous aidera à concentrer vos efforts de réseautage et à tirer le meilleur parti de votre temps et de votre énergie.

Parlons maintenant de l'endroit où réseauter. Les opportunités de réseautage abondent dans la profession juridique, depuis les événements du barreau et les conférences juridiques jusqu'aux rassemblements d'anciens élèves et aux rencontres de réseautage. Recherchez des événements et des organisations qui correspondent à vos intérêts et à vos objectifs, et assurez-vous d'y assister régulièrement. Et n'oubliez pas les réseaux en ligne : les plateformes de médias sociaux comme LinkedIn peuvent être de puissants outils pour se connecter avec des collègues, des clients et des employeurs potentiels.

Parlons de faire une bonne première impression. Dans le monde du réseautage, les premières impressions sont primordiales. Habillez-vous de manière professionnelle, souriez et établissez un contact visuel lorsque vous rencontrez de nouvelles personnes. Soyez accessible et amical, et présentez-vous avec une poignée de main ferme et une attitude confiante. Et n'oubliez pas d'écouter : posez des questions, montrez un véritable intérêt pour l'autre personne et soyez attentif à ses réponses.

Parlons maintenant du pitch éclair. Votre argumentaire éclair est votre chance de faire une impression mémorable et de déclencher une conversation avec quelqu'un de nouveau. Soyez bref, doux et précis : pas plus de 30 secondes. Présentez-vous, mentionnez ce que vous faites et mettez en évidence ce qui vous distingue de la foule. Et n'oubliez pas d'adapter votre argumentaire à votre public : ce qui résonne chez une personne peut ne pas résonner chez une autre.

Parlons de l'étiquette du réseautage. Le réseautage consiste à établir des relations, ce qui nécessite respect, courtoisie et professionnalisme. Soyez attentif au temps et à l'espace des gens : ne monopolisez pas la conversation et n'interrompez pas les autres pendant qu'ils parlent. Et faites toujours un suivi après les événements de réseautage avec un e-mail de remerciement ou un message LinkedIn : c'est un geste simple qui peut grandement contribuer à établir une relation et à maintenir la connexion vivante.

Parlons ensuite de la valeur ajoutée. Un réseautage efficace ne dépend pas seulement de ce que vous pouvez obtenir, mais aussi de ce que vous pouvez donner. Recherchez des moyens d'ajouter de la valeur à votre réseau, qu'il s'agisse de partager votre expertise, de faire des présentations ou d'offrir de l'aide et du support. Soyez généreux avec votre temps et vos ressources, et vous constaterez que votre réseau sera plus que disposé à vous rendre la pareille.

Parlons de rester connecté. Construire un réseau professionnel est un processus continu et il est important de rester en contact avec vos contacts au fil du temps. Restez en contact avec votre réseau via des e-mails, des appels téléphoniques ou des cafés-rencontres réguliers. Partagez des mises à jour sur votre carrière, félicitez-les pour leurs réussites et offrez votre soutien en cas de besoin. Et n'oubliez pas d'entretenir les relations qui comptent le plus : ce sont celles qui rapporteront des dividendes à long terme.

Parlons maintenant de l'exploitation de votre réseau. Votre réseau professionnel peut être une source précieuse de conseils, de soutien et d'opportunités tout au long de votre carrière. N'hésitez pas à contacter vos contacts lorsque vous avez besoin d'aide ou de conseils, qu'il s'agisse d'une recherche d'emploi, d'une transition de carrière ou d'un cas difficile. Et soyez proactif en offrant votre soutien et votre assistance aux autres membres de votre réseau : c'est un moyen infaillible de renforcer vos relations et de bâtir de la bonne volonté.

Enfin, parlons de redonner. Au fur et à mesure que vous progressez dans votre carrière et construisez votre réseau professionnel, n'oubliez pas de donner au suivant. Encadrez vos collègues juniors, consacrez votre temps et votre expertise à de bonnes causes et soutenez les initiatives qui favorisent la diversité et l'inclusion dans la profession juridique. En redonnant à votre profession et à votre communauté, vous aurez non seulement un impact positif sur le monde qui vous entoure, mais vous renforcerez également votre réseau et améliorerez votre réputation de leader de la profession juridique.

En conclusion, la constitution d'un réseau professionnel solide est essentielle pour réussir dans la profession juridique. En définissant vos objectifs, en recherchant des opportunités de réseautage, en faisant une bonne première impression, en perfectionnant votre argumentaire, en pratiquant l'étiquette du réseautage, en ajoutant de la valeur, en restant connecté, en tirant parti de votre réseau et en redonnant, vous pouvez nouer des liens significatifs, faire progresser votre carrière et favoriser la réussite dans la profession juridique. Alors, allez-y, serrez-vous la main et commencez à bâtir votre réseau : c'est la clé pour débloquer des opportunités infinies dans le monde juridique.

Trouver un mentor : suivre le chemin de l'orientation professionnelle

Dans le parcours d'une carrière juridique, avoir un mentor peut être un phare qui vous guide à travers les rebondissements de la profession. Un mentor offre une sagesse, des conseils et un soutien inestimables, vous aidant à naviguer dans les complexités du monde juridique et à tracer la voie du succès. Mais trouver le bon mentor n'est pas toujours facile : cela demande de la patience, de la persévérance et une approche proactive. Explorons donc l'art de trouver un mentor et les étapes que vous pouvez suivre pour forger une relation de mentorat significative.

Avant tout, comprenez ce que vous recherchez chez un mentor. Tenez compte de vos objectifs de carrière, de vos aspirations et des domaines dans lesquels vous pourriez bénéficier de conseils et de soutien. Vous recherchez une personne possédant une expertise dans un domaine spécifique du droit ? Ou peut-être recherchez-vous quelqu'un qui peut vous aider à relever les défis de l'équilibre travail-vie personnelle ou de l'avancement de carrière. En clarifiant vos objectifs, vous pourrez mieux cibler votre recherche d'un mentor qui correspond à vos besoins et aspirations.

Une fois que vous avez une idée claire de ce que vous recherchez, commencez par regarder au sein de votre réseau existant. Votre mentor pourrait être un ancien professeur, un collègue, un superviseur ou même un ami de la famille. Contactez vos contacts et faites-leur savoir que vous recherchez du mentorat. Soyez précis sur ce que vous recherchez et pourquoi vous pensez qu'ils conviendraient en tant que mentor. Vous pourriez être surpris de voir à quel point les gens sont réceptifs à l'idée du mentorat et désireux de partager leur sagesse et leur expérience.

Si vous ne parvenez pas à trouver un mentor au sein de votre réseau existant, ne désespérez pas. Recherchez des opportunités de mentorat au sein d'organisations professionnelles, d'associations du barreau ou de groupes d'affinité. Ces groupes proposent souvent des programmes de mentorat ou des événements de réseautage où vous pouvez entrer en contact avec des avocats expérimentés disposés à servir de mentors. Assistez régulièrement à ces événements, participez activement et faites un effort pour établir des relations avec des mentors potentiels.

Une autre façon de trouver un mentor consiste à recourir aux réseaux d'anciens élèves ou aux associations d'anciens élèves des facultés de droit. Contactez des anciens élèves qui travaillent dans des domaines ou des domaines de pratique qui vous intéressent et demandez-leur s'ils seraient prêts à vous encadrer. Les anciens étudiants sont souvent désireux de redonner à leur alma mater et d'aider la prochaine génération d'avocats à réussir. Profitez de cette ressource et tirez parti de vos relations au sein de la communauté des anciens élèves pour trouver un mentor qui pourra vous guider dans votre cheminement de carrière.

Ne négligez pas le pouvoir des médias sociaux pour trouver un mentor. Les plateformes comme LinkedIn offrent une multitude d'opportunités de réseautage, vous permettant de vous connecter avec des avocats du monde entier. Utilisez LinkedIn pour rechercher des avocats qui travaillent dans le domaine de pratique souhaité ou qui ont de l'expérience dans les domaines dans lesquels vous recherchez des conseils. Envoyez-leur un message personnalisé vous présentant et expliquant pourquoi vous souhaitez entrer en contact avec eux. Soyez respectueux de leur temps et indiquez clairement que vous recherchez du mentorat, pas seulement un emploi ou une faveur.

Une fois que vous avez identifié des mentors potentiels, prenez l'initiative de les contacter et d'engager une conversation. Soyez proactif et persévérant : ne vous découragez pas si vous n'obtenez pas de réponse immédiatement. Faites un suivi poli et respectueux et démontrez votre véritable intérêt à établir une relation de mentorat. Proposez de vous rencontrer pour un café ou un déjeuner pour discuter davantage de vos objectifs et de vos intérêts. N'oubliez pas que bâtir une relation de mentorat demande du temps et des efforts, alors soyez patient et persévérant dans votre quête.

Lorsque vous rencontrez un mentor potentiel, soyez prêt à écouter et à apprendre. Posez des questions réfléchies, sollicitez leurs conseils et leur point de vue, et soyez ouvert aux commentaires constructifs. Montrez votre gratitude pour leur temps et leur sagesse, et exprimez votre véritable appréciation pour leur volonté de vous encadrer. Construire une relation de mentorat solide est une voie à double sens, alors soyez prêt à investir du temps et des efforts pour entretenir la relation et démontrer votre engagement envers les conseils et le soutien de votre mentor.

Alors que vous poursuivez votre parcours dans la profession juridique, n'oubliez pas de donner au suivant. Une fois que vous avez trouvé un mentor qui a eu un impact positif sur votre carrière, envisagez de servir de mentor à d'autres qui débutent. Partagez vos connaissances, votre expérience et vos idées avec la prochaine génération d'avocats et aidez-les à relever les défis et les opportunités de la profession juridique. En redonnant et en soutenant les autres dans leur parcours, vous honorerez non seulement l'héritage de votre propre mentor, mais contribuerez également à la croissance et au succès de la communauté juridique dans son ensemble.

En conclusion, trouver un mentor est une étape cruciale dans le parcours d'une carrière juridique. En clarifiant vos objectifs, en tirant parti de votre réseau existant, en recherchant des opportunités de mentorat et en étant proactif et persistant dans votre quête, vous pouvez trouver un mentor qui peut vous offrir des conseils et un soutien inestimables alors que vous naviguez dans les complexités de la profession juridique. Alors, n'ayez pas peur de tendre la main, d'établir des liens et de nouer des relations de mentorat significatives : cela pourrait être la clé pour libérer votre plein potentiel en tant qu'avocat.

Formation juridique continue (CLE) : apprentissage tout au long de la vie dans la profession juridique

Bienvenue dans le monde de la Formation Juridique Continue (FPC), où la quête du savoir ne s'arrête jamais et où la quête de l'excellence se poursuit. Dans la profession juridique, se tenir au courant des derniers développements en matière de droit et de pratique est essentiel pour maintenir ses compétences, servir efficacement ses clients et faire progresser sa carrière. Explorons donc l'importance du CLE et comment vous pouvez tirer le meilleur parti de cette ressource inestimable.

Tout d'abord, parlons de l'importance du CLE. Le paysage juridique est en constante évolution, avec de nouvelles lois, réglementations et précédents émergeant chaque jour. Se tenir au courant de ces changements est crucial pour offrir une représentation compétente et efficace à vos clients. CLE offre l'occasion d'approfondir votre compréhension des domaines importants du droit, de vous renseigner sur les tendances et les problèmes émergents et d'affiner vos compétences en tant que praticien du droit. Que vous soyez un avocat chevronné ou un avocat nouvellement admis, CLE est essentiel pour rester compétitif et pertinent sur le marché juridique d'aujourd'hui.

Parlons maintenant des différents types de CLE. Les programmes CLE se présentent sous différents formats, notamment des séminaires en direct, des webinaires, des cours en ligne, des conférences, des ateliers et du matériel d'auto-apprentissage. Chaque format offre ses propres avantages et flexibilité, vous permettant d'adapter votre expérience CLE à votre emploi du temps et à vos préférences d'apprentissage. Que vous préfériez assister à des événements en personne, participer à des programmes virtuels ou apprendre à votre rythme, il existe un format CLE qui vous convient.

Parlons ensuite des sujets abordés dans CLE. Les programmes CLE couvrent un large éventail de sujets, allant des domaines fondamentaux du droit comme les contrats, la responsabilité délictuelle et la procédure pénale à la gestion de la pratique, à l'éthique et au professionnalisme. Que vous cherchiez à approfondir votre expertise dans votre domaine de pratique principal ou à élargir vos connaissances dans de nouveaux domaines du droit, il existe un programme CLE qui peut vous aider à atteindre vos objectifs. De nombreuses juridictions exigent également que les avocats obtiennent un certain nombre de crédits dans des domaines spécifiques, alors assurez-vous de vérifier les exigences CLE de votre État pour garantir leur conformité.

Parlons de la recherche de programmes CLE. Il existe de nombreux prestataires de programmes CLE, notamment des barreaux, des facultés de droit, des organisations professionnelles et des entreprises privées. Beaucoup de ces prestataires proposent une large gamme de programmes couvrant divers sujets et formats, ce qui facilite la recherche d'opportunités CLE qui répondent à vos besoins et intérêts. De plus, des plateformes en ligne telles que West LegalEdcenter, Lawline et Practicing Law Institute (PLI) proposent de vastes bibliothèques de cours CLE auxquelles vous pouvez accéder à tout moment et en tout lieu.

Parlons maintenant de maximiser la valeur de CLE. Participer aux programmes CLE n'est que la première étape : maximiser la valeur du CLE nécessite un engagement actif et l'application de ce que vous avez appris. Prenez des notes pendant les séances CLE, participez aux discussions et posez des questions pour clarifier tout point de confusion. Après le programme, prenez le temps de réfléchir à ce que vous avez appris et à la manière dont vous pouvez l'appliquer à votre pratique. Envisagez de discuter des points clés à retenir avec des collègues ou des mentors et explorez les opportunités d'intégrer de nouvelles connaissances et compétences dans votre travail.

Parlons du suivi des crédits CLE. La plupart des juridictions exigent que les avocats suivent leurs crédits CLE et les signalent périodiquement au barreau de l'État ou à l'autorité chargée des licences. Conservez des registres détaillés des programmes CLE auxquels vous participez, y compris la date, le titre, le fournisseur et le nombre de crédits gagnés. Assurez-vous de vérifier que les programmes auxquels vous participez sont accrédités par le barreau de votre État ou par l'autorité de délivrance des licences pour garantir le respect des exigences du CLE. De nombreux États proposent également des portails ou des systèmes en ligne permettant aux avocats de déclarer facilement leurs crédits CLE.

Enfin, parlons des avantages du CLE au-delà du respect des exigences obligatoires. CLE ne consiste pas seulement à gagner des crédits, il s'agit d'investir dans votre développement professionnel et votre croissance en tant qu'avocat. En participant aux programmes CLE, vous pouvez élargir vos connaissances, améliorer vos compétences, vous tenir au courant des développements dans votre domaine de pratique et vous connecter avec des collègues et des experts dans le domaine. CLE offre également des opportunités de réseautage, de mentorat et de collaboration, vous aidant à établir des relations et à faire progresser votre carrière dans la profession juridique.

En conclusion, la formation juridique continue (FPC) constitue une pierre angulaire du développement professionnel et de l'apprentissage continu dans la profession juridique. En vous tenant au courant de l'évolution du droit et de la pratique, en approfondissant votre expertise et en élargissant votre réseau professionnel, vous pouvez améliorer votre efficacité en tant qu'avocat et vous positionner pour réussir dans le paysage juridique dynamique d'aujourd'hui. Alors, profitez des opportunités offertes par CLE et profitez au maximum de cette ressource inestimable pour faire progresser votre carrière et atteindre vos objectifs en tant que professionnel du droit.

Spécialisation et certification : améliorez votre expertise dans le domaine juridique

Bienvenue dans le monde de la spécialisation et de la certification de la profession juridique, où l'expertise est valorisée et où les titres de compétences peuvent ouvrir les portes à de nouvelles opportunités. Dans un paysage juridique de plus en plus concurrentiel, la spécialisation dans un domaine de pratique particulier et l'obtention de certifications peuvent vous démarquer, renforcer votre crédibilité et faire progresser votre carrière. Explorons donc l'importance de la spécialisation et de la certification et comment vous pouvez les exploiter pour accroître votre expertise dans le domaine juridique.

Parlons avant tout de spécialisation. La spécialisation consiste à concentrer votre pratique sur un domaine spécifique du droit, comme le droit de la famille, la propriété intellectuelle ou la défense pénale. En concentrant vos efforts dans un domaine de pratique particulier, vous pouvez développer une expertise approfondie, perfectionner vos compétences et vous faire connaître comme un expert incontournable dans votre domaine. La spécialisation vous permet de vous différencier des médecins généralistes et de vous positionner comme un conseiller de confiance et un défenseur des clients ayant des besoins spécialisés.

Parlons maintenant des avantages de la spécialisation. Se spécialiser dans un domaine de pratique spécifique offre de nombreux avantages, tant pour vous que pour vos clients. Pour commencer, la spécialisation vous permet de développer une compréhension approfondie des nuances, des complexités et des subtilités du domaine que vous avez choisi, vous permettant ainsi de fournir une représentation plus efficace et ciblée à vos clients. La spécialisation vous permet également de vous bâtir une réputation d'autorité dans votre domaine, attirant des clients qui recherchent une expertise et une expérience dans ce domaine du droit. De plus, la spécialisation peut conduire à une satisfaction et à un épanouissement accrus au travail, à mesure que vous vous concentrez sur un travail qui correspond à vos intérêts, vos passions et vos forces.

Parlons ensuite de la certification. La certification est une reconnaissance formelle de l'expertise et de la compétence dans un domaine de pratique particulier, décernée par un organisme d'accréditation ou une organisation professionnelle reconnu. L'obtention de la certification démontre votre engagement envers l'excellence, votre dévouement au développement professionnel et votre volonté de respecter et de maintenir des normes rigoureuses de connaissances et de compétences dans le domaine de votre choix. Bien que la certification ne soit pas toujours requise pour exercer dans un domaine spécifique du droit, elle peut améliorer votre crédibilité et votre valeur marchande en tant que professionnel du droit.

Parlons maintenant de la manière d'obtenir une spécialisation et une certification. Le processus d'obtention d'une spécialisation et d'une certification varie selon la juridiction et l'organisme ou l'organisation d'accréditation. Dans certains cas, vous devrez peut-être satisfaire à certaines exigences en matière de formation, démontrer un niveau minimum d'expérience dans le domaine et réussir un examen ou une évaluation complet. Vous devrez peut-être également participer à des activités de formation continue ou de développement professionnel pour conserver votre certification.

Parlons du choix de la bonne spécialisation et de la bonne certification. Lors de la sélection d'une spécialisation et de l'obtention d'une certification, il est important de prendre en compte vos intérêts, vos points forts et vos objectifs de carrière. Choisissez un domaine de pratique qui correspond à vos passions et à vos talents, et où vous voyez des opportunités de croissance et d'avancement. Recherchez différents programmes de certification et organismes d'accréditation pour en trouver un qui soit réputé, respecté et reconnu au sein de la profession juridique. Et n'hésitez pas à demander conseil à des mentors, des collègues et des experts dans le domaine qui peuvent offrir des idées et des conseils basés sur leurs propres expériences.

Parlons ensuite de la valeur de la spécialisation et de la certification dans la profession juridique. La spécialisation et la certification peuvent ouvrir la porte à de nouvelles opportunités et à l'avancement de carrière. Ils peuvent améliorer votre crédibilité et votre réputation en tant qu'expert dans votre domaine, en attirant des clients, des références et des opportunités professionnelles. Ils peuvent également augmenter votre potentiel de revenus et votre satisfaction au travail, à mesure que vous êtes reconnu pour votre expertise spécialisée et votre capacité à fournir des résultats à vos clients. De plus, la spécialisation et la certification peuvent procurer un sentiment de fierté et d'accomplissement, à mesure que vous obtenez la reconnaissance de votre dévouement et de votre maîtrise d'un domaine spécifique du droit.

Parlons enfin de formation continue et de développement professionnel. La spécialisation et la certification ne sont pas la fin du voyage, elles ne sont que le début. Pour maintenir votre expertise et rester au courant des évolutions dans votre domaine, il est essentiel de participer à des activités continues de formation continue et de développement professionnel. Assistez à des conférences, des séminaires et des ateliers dans votre domaine de pratique, lisez des revues et publications professionnelles et participez à des cours et des webinaires en ligne. Restez en contact avec des collègues et des experts dans votre domaine et soyez ouvert aux nouvelles idées, perspectives et opportunités de croissance et d'apprentissage.

En conclusion, la spécialisation et la certification sont des outils puissants pour faire progresser votre expertise et votre crédibilité dans la profession juridique. En concentrant votre pratique sur un domaine spécifique du droit et en obtenant une certification, vous pouvez vous différencier de la concurrence, attirer des clients et obtenir plus de succès et d'épanouissement dans votre carrière. Alors, saisissez les opportunités qu'offrent la spécialisation et la certification et profitez-en au maximum pour élever votre expertise et exceller dans le domaine juridique.

Comprendre l'éthique juridique : naviguer dans la boussole morale de la profession juridique

Bienvenue dans le domaine de l'éthique juridique, où la boussole morale de la profession juridique guide la conduite des avocats et défend les principes de justice, d'intégrité et de professionnalisme. Dans la profession juridique, les considérations éthiques sont primordiales et façonnent chaque aspect de la pratique d'un avocat et de ses interactions avec les clients, les collègues et le tribunal. Examinons donc les principes de l'éthique juridique, les règles régissant la conduite des avocats et l'importance du respect des normes éthiques dans la pratique du droit.

Parlons avant tout du fondement de l'éthique juridique : le devoir de faire respecter la primauté du droit et d'administrer la justice de manière juste et impartiale. En tant qu'officiers de justice, les avocats jouent un rôle essentiel dans l'administration de la justice, en défendant les intérêts de leurs clients dans les limites de la loi et en veillant au respect des principes d'équité, de justice et de procédure régulière. Le respect de l'État de droit exige que les avocats agissent avec intégrité, honnêteté et respect du système juridique et des droits de toutes les parties impliquées.

Parlons maintenant de l'importance de la confidentialité et du secret professionnel de l'avocat. La confidentialité est la pierre angulaire de la relation avocat-client, protégeant la vie privée et la confiance des clients et facilitant une communication ouverte et franche entre les avocats et leurs clients. Les avocats sont tenus par des règles éthiques strictes pour maintenir la confidentialité des informations sur leurs clients, pendant et après la relation avocat-client. Ce devoir de confidentialité s'étend à toutes les communications et informations partagées au cours de la représentation, qu'elles soient privilégiées ou non.

Parlons ensuite des conflits d'intérêts. Les conflits d'intérêts sont des situations dans lesquelles les intérêts personnels ou professionnels d'un avocat entrent en conflit avec son devoir d'agir au mieux des intérêts de son client. Il est essentiel d'éviter les conflits d'intérêts pour maintenir l'intégrité et la fiabilité de la profession juridique. Les avocats sont tenus d'identifier et de divulguer tout conflit d'intérêts potentiel à leurs clients et de s'abstenir de représenter leurs clients lorsqu'un conflit existe ou pourrait raisonnablement être perçu comme tel. Ne pas résoudre les conflits d'intérêts peut entraîner de graves conséquences, notamment des mesures disciplinaires et des sanctions professionnelles.

Parlons maintenant de compétence et de diligence. Les avocats ont le devoir de fournir une représentation compétente et diligente à leurs clients, en appliquant les connaissances, les compétences et la diligence nécessaires pour représenter efficacement leurs clients. Ce devoir exige que les avocats se tiennent au courant de l'évolution du droit, maintiennent les compétences et l'expertise nécessaires pour traiter les affaires de leurs clients avec compétence et consacrent suffisamment de temps et d'attention au cas de chaque client. Le non-respect des normes de compétence et de diligence peut entraîner des réclamations pour faute professionnelle, des mesures disciplinaires et des préjudices aux clients.

Parlons d'honnêteté et de franchise. Les avocats doivent être honnêtes et francs dans leurs relations avec les clients, les parties adverses, le tribunal et les tiers. Ce devoir d'honnêteté et de franchise s'étend à toutes les communications et représentations faites au cours de la représentation, y compris les plaidoiries, les requêtes et les plaidoiries. Il est interdit aux avocats de faire de fausses déclarations ou de déformer les faits, et ils ont le devoir de corriger toute déclaration fausse ou trompeuse dont ils ont connaissance. Le respect des principes d'honnêteté et de franchise est essentiel au maintien de l'intégrité et de la crédibilité de la profession juridique.

Parlons ensuite du devoir de plaidoyer zélé. Même si les avocats ont le devoir de représenter les intérêts de leurs clients avec vigueur et zèle, ce devoir doit être contrebalancé par le devoir de faire respecter l'état de droit et de maintenir l'éthique professionnelle. Une défense zélée ne signifie pas rechercher la victoire à tout prix ; cela signifie défendre les intérêts de vos clients dans les limites de la loi et des règles de déontologie professionnelle. Les avocats doivent s'abstenir de toute conduite malhonnête, trompeuse ou préjudiciable à l'administration de la justice, même dans le cadre d'une défense zélée.

Parlons maintenant du rôle de l'éthique juridique dans le système juridique au sens large. L'éthique juridique sert de fondement à l'intégrité, à la crédibilité et au professionnalisme de la profession juridique. Le respect des normes éthiques est essentiel pour maintenir la confiance du public dans le système juridique et garantir une administration juste et équitable de la justice. Les avocats qui adhèrent aux principes éthiques contribuent à l'intégrité et à l'efficacité du système juridique, tandis que ceux qui enfreignent les règles éthiques sapent la confiance du public dans la profession juridique dans son ensemble.

Enfin, parlons de l'importance de la formation continue en éthique juridique. Le paysage juridique est en constante évolution, avec de nouveaux défis, problèmes et dilemmes éthiques qui surgissent chaque jour. Les avocats doivent se tenir au courant de l'évolution de l'éthique juridique, comprendre leurs obligations éthiques et savoir comment gérer efficacement les dilemmes éthiques. La formation continue et la formation en éthique juridique sont essentielles pour garantir que les avocats possèdent les connaissances, les compétences et la sensibilisation nécessaires pour respecter les normes éthiques et relever les défis éthiques dans leur pratique.

En conclusion, l'éthique juridique est la pierre angulaire de la profession juridique, guidant la conduite des avocats et garantissant l'intégrité, la crédibilité et l'efficacité du système juridique. Le respect des principes éthiques est essentiel pour maintenir la confiance du public dans la profession juridique et l'administration de la justice. En adhérant aux normes éthiques, les avocats peuvent remplir leur devoir de faire respecter l'état de droit, défendre les intérêts de leurs clients et contribuer à la résolution juste et équitable des différends dans la société.

Confidentialité et privilèges : préserver la confiance et la vie privée dans le domaine juridique

Bienvenue dans le domaine de la confidentialité et des privilèges dans la profession juridique, où la confiance et la vie privée sont des principes sacrés qui sous-tendent la relation avocat-client. La confidentialité et le privilège sont des concepts fondamentaux qui protègent l'intégrité des communications entre les avocats et leurs clients, favorisant un dialogue ouvert et franc et garantissant la représentation efficace des intérêts des clients. Examinons donc les nuances de la confidentialité et du privilège, leur importance dans le domaine juridique et les obligations éthiques qu'ils impliquent.

Parlons avant tout de confidentialité. La confidentialité est un principe fondamental de la relation avocat-client, protégeant la vie privée et la confiance des clients et promouvant une communication ouverte et honnête entre les avocats et leurs clients. En vertu du devoir de confidentialité, les avocats sont tenus de garder confidentielles toutes les informations relatives à la représentation de leurs clients, pendant et après la relation avocat-client. Ce devoir s'étend à toutes les communications, documents et informations partagés au cours de la représentation, qu'ils soient privilégiés ou non.

Parlons maintenant du secret professionnel de l'avocat. Le secret professionnel de l'avocat est une doctrine juridique qui protège certaines communications entre les avocats et leurs clients contre toute divulgation lors de procédures judiciaires et dans d'autres contextes. Le privilège s'applique aux communications confidentielles entre un client et son avocat dans le but d'obtenir des conseils ou une représentation juridique. Pour bénéficier de ce privilège, les communications doivent être faites en toute confidentialité et ne pas être divulguées à des tiers en dehors de la relation avocat-client. Le but de ce privilège est d'encourager les clients à être ouverts et honnêtes avec leurs avocats et de faciliter la représentation efficace des intérêts des clients.

Parlons ensuite de la portée de la confidentialité et du privilège. La confidentialité et le privilège s'appliquent largement à toutes les communications et informations partagées entre les avocats et leurs clients au cours de la représentation. Cela comprend des discussions sur la stratégie juridique, la stratégie relative aux dossiers, les négociations de règlement et d'autres questions sensibles. Le devoir de confidentialité et le secret professionnel de l'avocat s'étendent également aux communications avec des tiers, tels que les experts, consultants et autres avocats travaillant sur l'affaire, à condition que ces communications soient effectuées dans le but d'obtenir des conseils ou une représentation juridique.

Parlons maintenant des exceptions à la confidentialité et au privilège. Bien que la confidentialité et le privilège constituent des protections solides, il existe certaines exceptions qui peuvent permettre la divulgation d'informations autrement confidentielles ou privilégiées. Par exemple, les avocats peuvent être autorisés ou tenus de divulguer des informations confidentielles dans certaines circonstances, par exemple pour prévenir un préjudice imminent ou pour se conformer à une ordonnance d'un tribunal ou à une obligation légale. Les avocats doivent également être conscients des risques potentiels de divulgation par inadvertance, comme la renonciation au secret professionnel en divulguant des informations privilégiées à des tiers.

Parlons des obligations éthiques liées à la confidentialité et au privilège. Les avocats sont soumis à des règles éthiques strictes pour maintenir la confidentialité des informations sur leurs clients et protéger le secret professionnel de l'avocat. Cette obligation s'étend à tous les membres d'un cabinet d'avocats, ainsi qu'au personnel de soutien et aux employés qui peuvent avoir accès à des informations confidentielles. Les avocats doivent prendre des mesures raisonnables pour protéger les informations confidentielles de leurs clients et veiller à ce que les communications privilégiées ne soient pas divulguées ou abandonnées de manière inappropriée.

Parlons ensuite de l'importance de la confidentialité et du privilège dans le système juridique. La confidentialité et le privilège sont essentiels pour favoriser la confiance dans la relation avocat-client et promouvoir une communication ouverte et honnête entre les avocats et leurs clients. Sans l'assurance de la confidentialité et du privilège, les clients peuvent être réticents à partager des informations sensibles avec leurs avocats, ce qui entrave la capacité de l'avocat à assurer une représentation efficace. La confidentialité et le privilège servent également des intérêts sociétaux plus larges en encourageant la libre circulation de l'information et en facilitant la résolution juste et équitable des différends dans le système juridique.

En conclusion, la confidentialité et le privilège sont des principes fondamentaux de la profession juridique, garantissant la confiance, la vie privée et l'intégrité de la relation avocat-client. En respectant ces principes, les avocats peuvent favoriser une communication ouverte et honnête avec leurs clients, promouvoir une représentation efficace et contribuer à une administration juste et équitable de la justice. Le respect de la confidentialité et du privilège n'est pas seulement une obligation éthique : c'est la pierre angulaire de la profession juridique et un aspect fondamental pour garantir l'intégrité et la crédibilité du système juridique.

Conflits d'intérêts : franchir les frontières éthiques de la représentation juridique

Bienvenue sur le terrain complexe des conflits d'intérêts dans la profession juridique, où les dilemmes éthiques abondent et où le devoir de donner la priorité aux intérêts des clients est primordial. Les conflits d'intérêts surviennent lorsque les intérêts personnels, financiers ou professionnels d'un avocat entrent en conflit avec son devoir d'agir dans le meilleur intérêt de son client. Naviguer dans ces limites éthiques nécessite de la vigilance, de l'intégrité et un engagement à respecter les normes de professionnalisme les plus élevées. Explorons donc les subtilités des conflits d'intérêts, leurs implications pour la représentation juridique et les obligations éthiques qu'ils impliquent.

Parlons avant tout de ce qui constitue un conflit d'intérêts. Un conflit d'intérêts survient lorsque la loyauté d'un avocat envers un client est compromise par des obligations ou des intérêts concurrents, ou lorsque les propres intérêts de l'avocat entrent en conflit avec ceux du client. Les conflits d'intérêts peuvent survenir dans divers contextes, y compris les situations où l'avocat entretient une relation personnelle ou financière avec une partie défavorable au client, où la représentation d'un client par l'avocat est directement contraire aux intérêts d'un autre client, ou lorsque les propres intérêts de l'avocat les intérêts peuvent être sensiblement affectés par le résultat de la représentation.

Parlons maintenant des obligations éthiques liées aux conflits d'intérêts. Les avocats sont soumis à des règles éthiques strictes pour identifier et résoudre les conflits d'intérêts rapidement et efficacement. Le devoir d'éviter les conflits d'intérêts est inscrit dans les codes de conduite professionnels et les règles d'éthique juridique, qui exigent que les avocats exercent un jugement professionnel indépendant et donnent la priorité aux intérêts de leurs clients avant toute autre considération. Les avocats doivent également divulguer tout conflit d'intérêts potentiel aux clients concernés et obtenir un consentement éclairé avant de procéder à la représentation si le conflit ne peut être résolu de manière adéquate.

Parlons ensuite des implications des conflits d'intérêts pour la représentation juridique. Les conflits d'intérêts peuvent avoir de graves conséquences sur la relation avocat-client, sur l'intégrité du système juridique et sur les intérêts des parties concernées. Le fait de ne pas identifier et résoudre les conflits d'intérêts peut entraîner un préjudice pour les clients, un préjudice à l'administration de la justice et des violations juridiques et éthiques pouvant entraîner des mesures disciplinaires, des plaintes pour faute professionnelle ou d'autres sanctions professionnelles. Les avocats doivent être diligents et proactifs dans l'identification et la résolution des conflits d'intérêts afin de protéger les intérêts de leurs clients et de maintenir l'intégrité de la profession juridique.

Parlons maintenant de la manière dont les avocats peuvent identifier et résoudre les conflits d'intérêts. Le devoir d'éviter les conflits d'intérêts exige que les avocats fassent preuve de diligence raisonnable et de vigilance dans l'évaluation des conflits potentiels et prennent les mesures appropriées pour y remédier. Cela peut impliquer de vérifier les conflits avant d'accepter de nouveaux clients ou de nouvelles affaires, de maintenir de solides politiques et procédures en matière de conflits d'intérêts au sein des cabinets d'avocats et de consulter des collègues, des conseillers en éthique ou des experts juridiques lorsque des conflits surviennent. Les avocats doivent également être transparents et ouverts à l'égard de leurs clients concernant tout conflit d'intérêts pouvant survenir au cours de la représentation et obtenir un consentement éclairé avant de procéder à la représentation si le conflit ne peut être résolu de manière adéquate.

Parlons de l'importance des politiques et procédures en matière de conflits d'intérêts au sein des cabinets d'avocats. Les cabinets d'avocats ont la responsabilité d'établir et de maintenir des politiques et procédures efficaces en matière de conflits d'intérêts afin de prévenir les conflits et de garantir que les conflits sont identifiés et résolus rapidement et efficacement lorsqu'ils surviennent. Cela peut impliquer la mise en œuvre de systèmes de vérification des conflits, l'établissement de protocoles de résolution des conflits et la fourniture d'une formation continue aux avocats et au personnel sur les obligations éthiques liées aux conflits d'intérêts. En donnant la priorité à la gestion des conflits d'intérêts, les cabinets d'avocats peuvent minimiser le risque de violations de l'éthique, protéger les intérêts de leurs clients et préserver l'intégrité de la profession juridique.

En conclusion, les conflits d'intérêts constituent un défi éthique omniprésent et complexe dans la profession juridique, obligeant les avocats à gérer des obligations et des intérêts concurrents avec intégrité et professionnalisme. En identifiant et en traitant les conflits d'intérêts rapidement et efficacement, les avocats peuvent protéger les intérêts de leurs clients, maintenir l'intégrité du système juridique et maintenir la confiance du public dans la profession juridique. La vigilance, la transparence et l'engagement en faveur d'une conduite éthique sont essentiels pour naviguer dans le champ de mines éthiques des conflits d'intérêts et garantir les normes les plus élevées de représentation juridique et de professionnalisme.

Intégrité professionnelle : respect des normes éthiques dans le domaine juridique

Bienvenue dans le domaine de l'intégrité professionnelle dans la profession juridique, où le respect des normes éthiques est la pierre angulaire de la confiance, de la crédibilité et de l'efficacité en tant qu'avocat. L'intégrité professionnelle englobe un engagement envers l'honnêteté, l'équité et une conduite éthique dans tous les aspects de la pratique juridique, guidant les interactions des avocats avec les clients, les collègues, le tribunal et le public. Explorons les principes d'intégrité professionnelle, leur importance dans le domaine juridique et les obligations éthiques qu'ils impliquent.

Parlons avant tout de ce que signifie l'intégrité professionnelle dans le contexte de la profession juridique. L'intégrité professionnelle va au-delà du simple respect de la lettre de la loi : elle englobe un engagement à respecter les normes de conduite éthique les plus élevées, même lorsque personne ne nous regarde. Cela signifie agir avec honnêteté, équité et transparence dans toutes les transactions et adhérer aux principes d'intégrité, de fiabilité et de responsabilité dans tous les aspects de la pratique juridique. L'intégrité professionnelle n'est pas seulement un ensemble de règles : c'est un mode de vie pour les avocats, guidant leurs actions et leurs décisions dans la recherche de la justice, de l'équité et du bien public.

Parlons maintenant de l'importance de l'intégrité professionnelle dans le domaine juridique. L'intégrité professionnelle est essentielle au maintien de la confiance du public dans le système juridique et la profession juridique. Les avocats ont la responsabilité de faire respecter l'état de droit, d'administrer la justice et de protéger les droits et les intérêts de leurs clients. L'intégrité professionnelle est le fondement de cette confiance : elle garantit que les avocats agissent avec intégrité, honnêteté et équité dans leurs interactions avec les clients, les collègues, le tribunal et le public, préservant ainsi l'intégrité et la crédibilité de la profession juridique dans son ensemble.

Parlons ensuite des obligations éthiques liées à l'intégrité professionnelle. Les avocats sont liés par des règles éthiques et des codes de conduite stricts qui régissent leur comportement et guident leurs interactions avec les clients, leurs collègues, le tribunal et le public. Ces règles exigent que les avocats agissent avec honnêteté, franchise et équité dans toutes les transactions, préservent la confidentialité des informations sur les clients, évitent les conflits d'intérêts et donnent la priorité aux intérêts de leurs clients avant toute autre considération. Le respect de l'intégrité professionnelle exige également que les avocats signalent les violations éthiques ou les fautes commises par d'autres membres de la profession juridique, favorisant ainsi la responsabilité et préservant l'intégrité du système juridique.

Parlons maintenant de la manière dont les avocats peuvent faire preuve d'intégrité professionnelle dans leur pratique quotidienne. L'intégrité professionnelle se démontre par le respect constant des normes et principes éthiques dans tous les aspects de la pratique juridique. Cela signifie être honnête et transparent avec les clients sur les forces et les faiblesses de leur dossier, fournir une représentation compétente et diligente et défendre avec zèle les intérêts des clients dans les limites de la loi. Cela signifie traiter les collègues, les parties adverses et le tribunal avec respect et courtoisie, et respecter les normes les plus élevées de professionnalisme et de courtoisie dans toutes les interactions. L'intégrité professionnelle implique également de reconnaître et de résoudre rapidement et efficacement les dilemmes éthiques et les conflits d'intérêts, et de rechercher des conseils ou de l'aide si nécessaire pour garantir le respect des obligations éthiques.

Parlons du rôle de l'intégrité professionnelle dans la promotion de l'accès à la justice et de l'intérêt public. Maintenir l'intégrité professionnelle ne consiste pas seulement à protéger les intérêts des clients individuels : il s'agit également de faire progresser les objectifs plus larges de justice, d'équité et de primauté du droit dans la société. Les avocats ont le devoir de promouvoir l'accès à la justice et d'utiliser leurs compétences et leur expertise pour défendre les intérêts des personnes marginalisées ou défavorisées. L'intégrité professionnelle exige que les avocats agissent dans l'intérêt public, respectent les principes de justice, d'équité et de procédure régulière, et œuvrent pour un système juridique accessible, transparent et responsable envers tous les membres de la société.

En conclusion, l'intégrité professionnelle est le fondement de la confiance, de la crédibilité et de l'efficacité de la profession juridique. En respectant les normes de conduite éthique les plus élevées, les avocats peuvent maintenir la confiance du public dans le système juridique, promouvoir l'accès à la justice et faire progresser les principes de justice, d'équité et de primauté du droit dans la société. L'intégrité professionnelle n'est pas seulement un devoir : c'est un privilège et une responsabilité que les avocats portent avec eux tout au long de leur carrière, guidant leurs actions et leurs décisions dans la recherche de la justice, de l'équité et du bien public.

Équilibre travail-vie personnelle : favoriser le bien-être dans la profession juridique

Bienvenue dans l'exploration de l'équilibre travail-vie personnelle dans le domaine juridique, où la recherche de l'excellence professionnelle coexiste avec le besoin de bien-être et d'épanouissement personnel. L'équilibre travail-vie personnelle est un élément essentiel de la satisfaction globale, de la productivité et de la réussite à long terme d'un avocat. Dans cette discussion, nous approfondirons l'importance de l'équilibre travail-vie personnelle, les stratégies pour y parvenir et son impact sur la profession juridique.

Avant tout, reconnaissons l'importance de l'équilibre travail-vie personnelle. La profession juridique est réputée pour sa charge de travail exigeante, ses affaires à enjeux élevés et ses longues heures de travail. Cependant, maintenir un équilibre sain entre vie professionnelle et vie personnelle est crucial pour prévenir l'épuisement professionnel, réduire le stress et préserver le bien-être général. Atteindre l'équilibre travail-vie personnelle permet aux avocats de se ressourcer, de poursuivre leurs intérêts personnels et d'entretenir des relations en dehors du travail, ce qui conduit à une plus grande satisfaction et à un plus grand épanouissement, tant sur le plan personnel que professionnel.

Explorons maintenant les stratégies permettant d'atteindre l'équilibre travail-vie personnelle. Fixer des limites est essentiel : établir des limites claires entre le temps de travail et le temps personnel peut aider à empêcher le travail d'empiéter sur d'autres domaines de la vie. Cela peut impliquer de fixer des horaires de travail spécifiques, de réserver des moments de détente et de loisirs et d'apprendre à dire non aux exigences professionnelles excessives lorsque cela est nécessaire. Donner la priorité aux soins personnels est également essentiel : prendre du temps pour l'exercice, les passe-temps et les liens sociaux peut reconstituer les niveaux d'énergie et améliorer le bien-être général. De plus, une gestion efficace du temps, la délégation et la recherche du soutien de collègues ou de mentors peuvent aider les avocats à gérer leur charge de travail plus efficacement et à réduire le stress.

Discutons ensuite des avantages de l'équilibre travail-vie personnelle pour les avocats et la profession juridique. L'équilibre travail-vie privée conduit à des avocats plus heureux, en meilleure santé et plus engagés, ce qui peut avoir un impact positif sur la satisfaction au travail, la productivité et la rétention au sein des cabinets d'avocats et des organisations. Les avocats qui accordent la priorité à l'équilibre travail-vie personnelle sont souvent plus concentrés, motivés et résilients, ce qui conduit à de meilleurs résultats pour leurs clients et à des niveaux de satisfaction plus élevés. De plus, la promotion de l'équilibre travail-vie personnelle peut aider les cabinets d'avocats à attirer et à retenir les meilleurs talents, à cultiver une culture de travail positive et à améliorer leur réputation d'employeur de choix dans le secteur juridique.

Abordons maintenant quelques défis courants pour parvenir à un équilibre travail-vie personnelle dans la profession juridique. La nature exigeante du travail juridique, combinée aux exigences en matière d'heures facturables, aux demandes des clients et aux délais serrés, peut rendre difficile pour les avocats de donner la priorité à leur bien-être personnel. De plus, la culture du surmenage et la perception selon laquelle de longues heures sont synonymes de dévouement et de réussite peuvent créer une pression pour donner la priorité au travail au détriment de la vie personnelle. De plus, la prévalence de la technologie et du travail à distance peut brouiller les frontières entre le travail et la vie personnelle, rendant difficile la déconnexion et la détente en dehors des heures de travail.

Insistons sur l'importance de la conscience de soi et des soins personnels pour parvenir à un équilibre travail-vie personnelle. Reconnaître les signes d'épuisement professionnel, de stress et de fatigue est essentiel pour prendre des mesures proactives visant à donner la priorité au bien-être. Les avocats devraient donner la priorité aux activités de soins personnels qui nourrissent leur santé physique, mentale et émotionnelle, qu'il s'agisse de faire de l'exercice, de pratiquer la pleine conscience, de passer du temps avec leurs proches ou de poursuivre des passe-temps et des intérêts en dehors du travail. De plus, rechercher le soutien de collègues, de mentors ou de professionnels de la santé mentale peut fournir des conseils et des ressources précieux pour gérer le stress et atteindre un plus grand équilibre dans la vie.

En conclusion, l'équilibre travail-vie personnelle n'est pas seulement un luxe : c'est une nécessité pour les avocats de s'épanouir personnellement et professionnellement. En donnant la priorité au bien-être, en fixant des limites et en cultivant des pratiques de soins personnels, les avocats peuvent atteindre une plus grande satisfaction, une plus grande résilience et une plus grande réussite dans leur carrière. L'équilibre travail-vie personnelle ne consiste pas à sacrifier les ambitions professionnelles, il s'agit de favoriser un bien-être holistique et de trouver l'harmonie entre le travail, la vie personnelle et l'épanouissement. À mesure que la profession juridique continue d'évoluer, la promotion de l'équilibre travail-vie personnelle sera essentielle pour favoriser une culture de santé, de bonheur et d'excellence dans la profession juridique.

Sensibilisation à la santé mentale : favoriser le bien-être dans la communauté juridique

Bienvenue au dialogue sur la sensibilisation à la santé mentale dans la communauté juridique, où des conversations ouvertes, du soutien et des ressources sont essentiels pour promouvoir le bien-être et la résilience des avocats et des professionnels du droit. La santé mentale est un aspect essentiel du bien-être général, mais la stigmatisation, le stress et la nature exigeante du travail juridique peuvent poser des défis importants en matière de bien-être mental. Dans cette discussion, nous explorerons l'importance de la sensibilisation à la santé mentale, les stratégies pour soutenir le bien-être mental et les ressources disponibles pour les avocats confrontés à des problèmes de santé mentale.

Avant tout, reconnaissons l'importance de la sensibilisation à la santé mentale. Les avocats et les professionnels du droit ne sont pas à l'abri des problèmes de santé mentale : en fait, la profession juridique est connue pour avoir des taux plus élevés de stress, d'anxiété, de dépression et de toxicomanie que les autres professions. Reconnaître les signes de problèmes de santé mentale, réduire la stigmatisation et favoriser une culture d'ouverture et de soutien sont essentiels pour promouvoir le bien-être mental et la résilience au sein de la communauté juridique.

Discutons maintenant des stratégies visant à soutenir le bien-être mental dans la profession juridique. Il est crucial de bâtir une culture de travail favorable qui donne la priorité au bien-être. Cela peut impliquer d'offrir des ressources et des formations en santé mentale, de promouvoir l'équilibre entre vie professionnelle et vie privée et de fournir un accès à des services de conseil et de soutien. Créer des opportunités permettant aux avocats de se connecter et de partager leurs expériences, que ce soit par le biais de groupes de soutien par les pairs, de programmes de mentorat ou d'initiatives de bien-être, peut également contribuer à réduire l'isolement et à favoriser un sentiment de communauté et d'appartenance.

Ensuite, abordons les facteurs de stress et les défis uniques auxquels sont confrontés les avocats et qui peuvent avoir un impact sur la santé mentale. La nature exigeante du travail juridique, les affaires à enjeux élevés, la pression des heures facturables et la nature contradictoire du système juridique peuvent tous contribuer au stress, à l'anxiété et à l'épuisement professionnel chez les avocats. De plus, la culture du perfectionnisme, les longues heures de travail et l'attente d'être toujours disponible peuvent exacerber davantage les problèmes de santé mentale. Reconnaître ces défis et prendre des mesures proactives pour les relever est essentiel pour promouvoir le bien-être mental et la résilience au sein de la profession juridique.

Parlons maintenant de l'importance des soins personnels et de la résilience pour maintenir le bien-être mental. La pratique d'activités de soins personnels telles que l'exercice, la pleine conscience et les passe-temps peut aider les avocats à gérer le stress, à renforcer leur résilience et à améliorer leur bien-être général. Fixer des limites, donner la priorité à l'équilibre travail-vie personnelle et rechercher le soutien de collègues, de mentors ou de professionnels de la santé mentale peuvent également contribuer à une plus grande résilience et à un meilleur bien-être mental.

Il est important que les avocats accordent la priorité à leur propre bien-être et reconnaissent que demander de l'aide est un signe de force et non de faiblesse.

Soulignons l'importance de réduire la stigmatisation et de promouvoir des conversations ouvertes sur la santé mentale au sein de la communauté juridique. Il est essentiel d'éliminer les obstacles à la recherche d'aide et de créer une culture dans laquelle les avocats se sentent à l'aise pour discuter des problèmes de santé mentale afin de favoriser le soutien et la résilience. Offrir une éducation et une formation sur la sensibilisation à la santé mentale, déstigmatiser la maladie mentale et promouvoir des initiatives de soins personnels et de bien-être peuvent tous contribuer à créer un environnement plus favorable et inclusif pour les avocats confrontés à des problèmes de santé mentale.

En conclusion, la sensibilisation à la santé mentale est essentielle pour promouvoir le bien-être et la résilience au sein de la profession juridique. En reconnaissant les signes de problèmes de santé mentale, en réduisant la stigmatisation et en favorisant une culture d'ouverture et de soutien, nous pouvons créer une communauté juridique où les avocats se sentent habilités à donner la priorité à leur bien-être mental et à demander de l'aide en cas de besoin. Ensemble, nous pouvons éliminer les obstacles aux soins de santé mentale, promouvoir la résilience et créer un environnement plus sain et plus favorable pour tous les membres de la profession juridique.

Santé physique : favoriser le bien-être dans le parcours juridique

Bienvenue à la discussion sur la santé physique, pierre angulaire du bien-être essentiel pour les avocats et les professionnels du droit face aux exigences de leur profession. Bien que le domaine juridique soit souvent associé à l'acuité mentale et aux prouesses intellectuelles, le maintien de la santé physique est tout aussi essentiel pour conserver son énergie, sa concentration et sa résilience face aux défis. Dans ce dialogue, nous explorerons l'importance de la santé physique, les stratégies pour donner la priorité au bien-être et les avantages de l'intégration d'habitudes saines dans le parcours juridique.

Avant tout, reconnaissons l'importance de la santé physique. Les avocats et les professionnels du droit mènent des vies bien remplies, remplies de longues heures, de délais exigeants et de situations sous haute pression. Dans cet environnement en évolution rapide, il est facile de négliger le bien-être physique au profit des engagements professionnels. Cependant, donner la priorité à la santé physique est crucial pour maintenir les niveaux d'énergie, la clarté mentale et la vitalité globale, qui sont essentiels au succès et à l'épanouissement dans la profession juridique.

Discutons maintenant des stratégies permettant de donner la priorité au bien-être physique dans le parcours juridique. L'exercice régulier, une alimentation saine, un sommeil suffisant et la gestion du stress sont des piliers fondamentaux de la santé physique que les avocats peuvent intégrer à leur routine quotidienne. Trouver du temps pour faire de l'activité physique, qu'il s'agisse d'une promenade, de la pratique du yoga ou d'une séance de sport, peut aider les avocats à gérer le stress, à améliorer leur humeur et à améliorer leur santé globale. De même, faire des choix alimentaires sains, rester hydraté et donner la priorité au sommeil sont essentiels pour maintenir les niveaux d'énergie et optimiser la fonction cognitive.

Ensuite, abordons les défis uniques auxquels sont confrontés les avocats lorsqu'il s'agit de maintenir leur santé physique. La nature exigeante du travail juridique, les longues heures de travail et le mode de vie sédentaire peuvent nuire au bien-être physique, entraînant des problèmes tels qu'une mauvaise posture, des maux de dos et un stress chronique. De plus, la culture du surmenage et la pression de donner la priorité au travail peuvent rendre difficile pour les avocats de donner la priorité aux soins personnels et de prendre le temps d'adopter des habitudes saines. Reconnaître ces défis et prendre des mesures proactives pour les relever est essentiel pour promouvoir le bien-être physique dans la profession juridique.

Discutons maintenant des avantages de l'intégration d'habitudes saines dans le parcours juridique. Donner la priorité à la santé physique améliore non seulement le bien-être général, mais améliore également la productivité, la concentration et la résilience face aux défis. Il a été démontré que l'exercice régulier réduit le stress, améliore l'humeur et améliore les fonctions cognitives, autant d'éléments essentiels à la réussite dans la profession juridique. De même, une alimentation nutritive, un sommeil suffisant et des techniques de gestion du stress peuvent aider les avocats à maintenir leur niveau d'énergie, leur clarté mentale et leur vitalité globale, leur permettant ainsi de donner le meilleur d'eux-mêmes, tant sur le plan personnel que professionnel.

Insistons sur l'importance des soins personnels et de l'équilibre pour maintenir la santé physique. Les avocats donnent souvent la priorité aux besoins de leurs clients et aux exigences de leur travail plutôt qu'à leur propre bien-être, mais négliger les soins personnels peut en fin de compte nuire à la performance et conduire à l'épuisement professionnel. Trouver l'équilibre, fixer des limites et consacrer du temps aux activités de soins personnels sont essentiels au maintien de la santé physique et du bien-être général. Il est important que les avocats accordent la priorité à leur propre bien-être et reconnaissent que prendre soin d'eux-mêmes n'est pas égoïste : c'est essentiel pour réussir et s'épanouir à long terme dans la profession juridique.

En conclusion, la santé physique est une composante essentielle du bien-être, essentielle à la réussite et à l'épanouissement dans la profession juridique. En donnant la priorité à des habitudes saines, en trouvant un équilibre et en faisant des soins personnels une priorité, les avocats peuvent maintenir leur niveau d'énergie, renforcer leur résilience et donner le meilleur d'eux-mêmes, tant sur le plan personnel que professionnel. L'intégration du bien-être physique dans le parcours juridique améliore non seulement le bien-être individuel, mais contribue également à une communauté juridique plus saine et plus dynamique dans son ensemble.

Évaluations des performances : favoriser la croissance et l'excellence dans la pratique juridique

Les évaluations de performance sont un élément essentiel du développement professionnel dans la profession juridique, car elles fournissent des commentaires, des conseils et des opportunités de croissance et d'amélioration précieux. Ces évaluations structurées permettent aux avocats de réfléchir à leurs réalisations, d'identifier les domaines de développement et de fixer des objectifs pour l'avenir. Dans cette discussion approfondie, nous explorerons l'importance des évaluations de performance, les meilleures pratiques en matière de réalisation d'évaluations et les avantages qu'elles offrent aux avocats et aux cabinets d'avocats.

Tout d'abord, discutons de l'importance des évaluations de performance dans la profession juridique. Les évaluations des performances servent de mécanisme formel pour évaluer les performances des avocats, fournissant des commentaires sur leurs points forts, les domaines à améliorer et leurs contributions globales au cabinet ou à l'organisation. Ces examens offrent un cadre structuré pour évaluer les performances par rapport à des critères établis, promouvoir la responsabilité et favoriser l'apprentissage et le développement continus. En fournissant une plate-forme de dialogue ouvert et de commentaires constructifs, les évaluations de performance permettent aux avocats de grandir, d'exceller et d'atteindre leur plein potentiel dans leur carrière juridique.

Examinons maintenant les éléments clés d'une évaluation des performances efficace. Une évaluation complète des performances comprend généralement une évaluation de divers aspects du travail d'un avocat, tels que les connaissances et l'expertise juridiques, les compétences en matière de service à la clientèle et de communication, le travail d'équipe et la collaboration, ainsi que le respect des valeurs et des politiques du cabinet. Les examens peuvent également prendre en compte des facteurs tels que les heures facturables, la gestion de la charge de travail, les efforts de développement commercial et les contributions à la culture de l'entreprise et à l'implication communautaire. En évaluant les performances dans ces dimensions, les cabinets peuvent fournir des commentaires complets qui portent à la fois sur les compétences techniques et les compétences interpersonnelles essentielles pour réussir dans la profession juridique.

Discutons ensuite des meilleures pratiques pour effectuer des évaluations de performances. La préparation est essentielle : les responsables doivent rassembler les informations et la documentation pertinentes, telles que les résultats des dossiers, les commentaires des clients et les dossiers de facturation, pour éclairer le processus d'examen. Les examens doivent être effectués en temps opportun, en laissant suffisamment de temps pour la réflexion, la discussion et la définition d'objectifs. Les commentaires doivent être spécifiques, constructifs et exploitables, et se concentrer sur les comportements et les résultats plutôt que sur les attributs personnels. Il est également important de créer un environnement favorable et non menaçant qui encourage une communication et une collaboration ouvertes entre les évaluateurs et les personnes évaluées. Enfin, les évaluations de performance ne doivent pas être un événement ponctuel mais plutôt un processus continu qui se déroule régulièrement tout au long de l'année, permettant un retour d'information continu et des ajustements si nécessaire.

Explorons maintenant les avantages des évaluations de performance pour les avocats et les cabinets d'avocats. Pour les avocats, les évaluations de performances offrent des informations précieuses sur leurs points forts et leurs domaines de croissance, les aidant ainsi à identifier les opportunités de développement de compétences et d'avancement de carrière. Les évaluations peuvent également servir de plateforme pour reconnaître les réalisations et célébrer les succès, stimulant ainsi le moral et la motivation. Pour les cabinets d'avocats, les évaluations des performances permettent aux cabinets d'évaluer la santé et l'efficacité globales de leurs équipes juridiques, d'identifier les lacunes en matière de talents et les besoins en matière de planification de la succession, et d'aligner les performances individuelles sur les objectifs et les priorités de l'organisation. En investissant dans les évaluations de performances, les cabinets peuvent cultiver une culture d'excellence, de responsabilité et d'amélioration continue qui favorise le succès et l'avantage concurrentiel sur le marché juridique.

Abordons les défis et considérations courants lors de la conduite des évaluations de performances. L'un des défis consiste à garantir la cohérence et l'équité des évaluations, en particulier dans les entreprises comptant plusieurs évaluateurs ou des processus d'évaluation variés. Fournir une formation et des conseils aux évaluateurs peut aider à standardiser le processus d'évaluation et à minimiser les préjugés ou la subjectivité. Une autre considération consiste à gérer les attentes et à résoudre les domaines potentiels de désaccord ou de conflit entre les évaluateurs et les personnes évaluées. Une communication ouverte, une écoute active et une volonté de rechercher un terrain d'entente peuvent aider à relever ces défis et favoriser un processus d'examen constructif.

En conclusion, les évaluations de performance jouent un rôle essentiel dans la croissance et l'excellence de la profession juridique. En fournissant des commentaires structurés, des conseils et des opportunités de développement, les évaluations de performance permettent aux avocats de maximiser leur potentiel et de contribuer au succès de leur cabinet ou de leur organisation. En adoptant les meilleures pratiques, en relevant les défis et en donnant la priorité aux commentaires et au développement continus, les cabinets peuvent tirer parti des évaluations de performance comme un outil puissant pour favoriser une culture d'excellence, de responsabilité et d'amélioration continue au sein de la profession juridique.

Promotion et évolution de carrière : naviguer sur la voie du succès dans la profession juridique

La promotion et l'évolution de carrière sont des étapes importantes dans la profession juridique, représentant la reconnaissance des réalisations, des contributions et du potentiel d'avancement d'un avocat. Naviguer sur le chemin du succès dans la profession juridique nécessite une combinaison de travail acharné, de planification stratégique et d'apprentissage et de développement continus. Dans cette discussion approfondie, nous explorerons les facteurs qui contribuent à la promotion et à l'évolution de carrière, les stratégies pour progresser dans la profession juridique et les opportunités offertes aux avocats pour atteindre leurs objectifs professionnels.

Tout d'abord, discutons des facteurs qui contribuent à la promotion et à l'évolution de carrière dans la profession juridique. Bien que les critères spécifiques d'avancement puissent varier en fonction du cabinet, du domaine de pratique et des objectifs de carrière individuels, plusieurs facteurs communs sont souvent pris en compte dans les décisions de promotion. Ceux-ci peuvent inclure une expertise et des compétences juridiques, un leadership et un esprit d'initiative démontrés, le développement de clients et la génération d'affaires, le travail d'équipe et la collaboration, ainsi que l'adhésion aux valeurs et politiques du cabinet. Les avocats qui excellent dans ces domaines et démontrent un engagement envers la formation continue et le développement professionnel sont souvent bien placés pour une promotion et un avancement de carrière.

Examinons maintenant les stratégies pour progresser dans la profession juridique et se positionner pour une promotion. Il est essentiel de bâtir une base solide de connaissances et d'expertise juridiques : les avocats doivent se concentrer sur le perfectionnement de leurs compétences, la maîtrise de leur domaine de pratique et se tenir au courant de l'évolution du droit. Accepter des missions stimulantes, rechercher des opportunités de croissance professionnelle et démontrer une volonté d'assumer des rôles de leadership peuvent également améliorer la visibilité et la crédibilité au sein du cabinet ou de l'organisation. De plus, investir dans le réseautage et l'établissement de relations, tant au sein du cabinet qu'avec les clients et les contacts du secteur, peut aider les avocats à élargir leur sphère d'influence et à créer des opportunités d'évolution de carrière.

Ensuite, explorons le rôle du mentorat et du parrainage dans l'avancement de carrière. Avoir des mentors et des sponsors qui fournissent des conseils, un soutien et un plaidoyer peut être déterminant pour naviguer sur la voie de la promotion et de l'évolution de carrière. Les mentors peuvent offrir des informations, des conseils et des commentaires précieux basés sur leurs propres expériences et expertises, aidant ainsi les avocats à relever les défis, à identifier les opportunités et à prendre des décisions de carrière éclairées. Les parrains, quant à eux, sont des personnes influentes au sein de l'entreprise ou de l'organisation qui soutiennent et favorisent activement l'avancement professionnel de leurs protégés, les défendant dans les décisions de promotion et leur donnant accès à des opportunités et à des réseaux clés. Cultiver des relations significatives avec des mentors et des sponsors peut être un puissant catalyseur d'avancement de carrière et de réussite professionnelle dans la profession juridique.

Discutons maintenant de l'importance de la formation continue et du développement professionnel pour progresser dans la profession juridique. Le paysage juridique est en constante évolution, avec l'émergence régulière de nouvelles lois, réglementations et tendances juridiques. Les avocats qui donnent la priorité à l'apprentissage et au développement continus, que ce soit par le biais de programmes de formation formels, de cours de formation continue ou d'études autodirigées, sont mieux équipés pour s'adapter au changement, garder une longueur d'avance et exceller dans leur pratique. De plus, l'obtention de certifications professionnelles, de spécialisations ou de diplômes supérieurs peut améliorer l'expertise, la crédibilité et la valeur marchande, ouvrant ainsi de nouvelles opportunités de croissance et d'avancement de carrière.

Abordons les défis et les considérations communs dans la poursuite de la promotion et de l'évolution de carrière dans la profession juridique. L'un des défis consiste à gérer les attentes et les délais d'avancement : les décisions de promotion peuvent être influencées par des facteurs tels que la culture de l'entreprise, les conditions du marché et les performances individuelles, et peuvent ne pas toujours correspondre aux délais souhaités par les avocats. La patience, la persévérance et la concentration sur les objectifs à long terme sont essentielles pour relever ces défis et rester motivé sur la voie de l'avancement. De plus, les avocats doivent être proactifs en recherchant des commentaires, en identifiant les domaines à améliorer et en s'appropriant leur évolution de carrière, plutôt que d'attendre que des opportunités se présentent à eux.

En conclusion, la promotion et l'évolution de carrière sont des étapes importantes dans la profession juridique, représentant la reconnaissance des réalisations, des contributions et du potentiel d'avancement d'un avocat. En se concentrant sur l'acquisition d'une expertise, en faisant preuve de leadership, en entretenant des relations et en donnant la priorité à l'apprentissage et au développement continus, les avocats peuvent se positionner pour réussir et créer des opportunités d'avancement dans leur carrière juridique. En adoptant la planification stratégique, la persévérance et un engagement envers l'excellence, les avocats peuvent naviguer sur la voie de la promotion et atteindre leurs objectifs professionnels dans le domaine dynamique et enrichissant du droit.

Développer votre pratique : stratégies pour réussir en entrepreneuriat juridique

Bâtir un cabinet juridique prospère nécessite plus qu'une simple expertise juridique : cela nécessite une vision entrepreneuriale, une planification stratégique et un engagement envers le service à la clientèle et le développement des affaires. Dans cette discussion approfondie, nous explorerons les éléments clés de la création d'un cabinet juridique prospère, depuis la définition de votre créneau et l'attraction de clients jusqu'à la gestion des opérations et la promotion de la croissance.

Tout d'abord, discutons de l'importance de définir votre niche et d'identifier votre marché cible. Se spécialiser dans un domaine précis du droit vous permet de vous différencier de vos concurrents, d'établir une expertise et d'attirer des clients à la recherche de services spécialisés. Tenez compte de vos points forts, de vos intérêts et de votre expérience lors de la définition de votre niche, et recherchez les tendances du marché et les besoins des clients pour identifier les opportunités de croissance. En concentrant votre pratique sur un créneau ou un secteur spécifique, vous pouvez vous positionner en tant que conseiller de confiance et expert incontournable dans votre domaine.

Passons maintenant aux stratégies permettant d'attirer des clients et de constituer une clientèle. Le réseautage et l'établissement de relations sont essentiels : assistez à des événements de l'industrie, rejoignez des associations professionnelles et participez à des groupes de réseautage pour élargir votre portée et vous connecter avec des clients potentiels et des sources de référence. Établir une présence en ligne via un site Web professionnel, un blog ou des réseaux sociaux peut également contribuer à faire connaître vos services et à attirer des clients à la recherche d'une représentation juridique. De plus, offrir des services à valeur ajoutée, tels que des ateliers éducatifs ou des consultations gratuites, peut contribuer à renforcer la confiance et la crédibilité auprès des clients potentiels et à différencier votre cabinet de celui de vos concurrents.

Discutons ensuite de l'importance du service client et de la satisfaction dans la création d'un cabinet juridique prospère. Fournir un service client exceptionnel est essentiel pour attirer et fidéliser les clients et générer des références positives de bouche à oreille. Communiquez clairement et rapidement avec les clients, gérez efficacement les attentes et tenez les clients informés tout au long du processus juridique. Écoutez activement leurs préoccupations, faites preuve d'empathie et de compréhension, et allez au-delà de leurs attentes. En donnant la priorité à la satisfaction client et en obtenant des résultats, vous pouvez bâtir une réputation d'excellence et gagner la confiance et la fidélité de vos clients.

Explorons maintenant les stratégies pour gérer les opérations et favoriser la croissance de votre pratique juridique. La mise en œuvre de systèmes et de processus efficaces, tels qu'un logiciel de gestion de cas, des systèmes de facturation et des outils d'automatisation des documents, peut contribuer à rationaliser les flux de travail, à améliorer la productivité et à améliorer le service client. Investir dans le développement professionnel et la formation continue peut également vous aider à garder une longueur d'avance sur les tendances du secteur, à élargir vos compétences et à apporter une valeur ajoutée à vos clients. Envisagez également des partenariats ou des collaborations stratégiques avec d'autres professionnels ou entreprises pour élargir vos offres de services, atteindre de nouveaux marchés et capitaliser sur les opportunités de croissance.

Abordons les défis et considérations courants dans la création d'un cabinet juridique. L'un des défis consiste à gérer efficacement le temps et les ressources : démarrer et développer un cabinet nécessite beaucoup de temps, d'efforts et d'investissements, et il est important de donner la priorité aux activités qui génèrent le retour sur investissement le plus élevé. Construire une clientèle durable demande du temps, de la patience et de la persévérance, et il est important de rester concentré sur les objectifs à long terme tout en traversant les hauts et les bas de l'entrepreneuriat. De plus, rester adaptable et réactif aux conditions changeantes du marché, aux besoins des clients et aux tendances du secteur est essentiel pour rester compétitif et pertinent dans un paysage juridique en constante évolution.

En conclusion, bâtir une pratique juridique réussie nécessite une combinaison d'expertise juridique, d'esprit entrepreneurial et de service axé sur le client. En définissant votre créneau, en attirant des clients, en fournissant un service exceptionnel et en gérant efficacement les opérations, vous pouvez créer une pratique florissante qui apporte de la valeur aux clients et génère un succès à long terme. En adoptant la planification stratégique, l'apprentissage continu et un engagement envers l'excellence, vous pouvez bâtir une pratique juridique qui non seulement répond aux besoins de vos clients, mais qui répond également à vos aspirations professionnelles et contribue à votre réussite personnelle et financière.

Transition vers un partenariat : naviguer sur la voie du leadership dans la profession juridique

La transition vers un partenariat est une étape importante dans la profession juridique, représentant la reconnaissance des contributions, du leadership et du potentiel de réussite à long terme d'un avocat au sein du cabinet. Cette transition nécessite une planification minutieuse, une prise de décision stratégique et un engagement envers l'excellence dans la pratique juridique et le service à la clientèle. Dans cette discussion approfondie, nous explorerons les étapes impliquées dans la transition vers un partenariat, les considérations pour les futurs partenaires et les stratégies pour réussir dans ce nouveau rôle.

Tout d'abord, discutons des critères de partenariat et des facteurs que les entreprises prennent en compte lors de l'évaluation des candidats au partenariat. Bien que les critères spécifiques puissent varier en fonction de la taille du cabinet, des domaines de pratique et de la culture, les facteurs communs incluent souvent l'expertise et la compétence juridiques, le développement des affaires et la recherche de clients, le leadership et l'initiative, le travail d'équipe et la collaboration, ainsi que le respect des valeurs et des politiques du cabinet. Les avocats qui excellent dans ces domaines et démontrent des antécédents de réussite et un potentiel de leadership futur sont souvent considérés comme de bons candidats pour un partenariat.

Examinons maintenant les étapes à suivre pour passer au partenariat. Le parcours vers le partenariat commence généralement par un processus d'évaluation formel, au cours duquel les candidats sont évalués en fonction de leurs performances, de leurs contributions et de leur potentiel de leadership au sein du cabinet. Cela peut impliquer un examen des heures facturables, des efforts de développement des clients, des résultats des cas et des contributions à la culture de l'entreprise et à l'implication communautaire. Les candidats peuvent également être tenus de démontrer leur engagement envers les valeurs et les objectifs du cabinet et de se soumettre à des entretiens ou à des évaluations par la direction du cabinet ou les comités de partenariat.

Discutons ensuite des considérations à prendre en compte pour les futurs partenaires et des stratégies de préparation au partenariat. Il est essentiel de bâtir une base solide d'expertise juridique et de relations avec les clients : les avocats doivent se concentrer sur le perfectionnement de leurs compétences, la maîtrise de leur domaine de pratique et l'entretien des relations avec les clients et les sources de référence. De plus, faire preuve de leadership et d'initiative au sein du cabinet, comme encadrer des avocats débutants, participer à des comités du cabinet et contribuer aux initiatives du cabinet, peut améliorer la visibilité et la crédibilité et positionner les avocats en vue d'un partenariat. Enfin, il est important que les futurs associés communiquent leur intérêt pour le partenariat aux dirigeants de l'entreprise, recherchent des commentaires et des conseils et recherchent activement les opportunités de croissance et de développement au sein de l'entreprise.

Explorons maintenant les avantages et les responsabilités du partenariat dans la profession juridique. Le partenariat offre aux avocats un sentiment d'appartenance, d'autonomie et de contrôle sur leur pratique, ainsi qu'un accès aux ressources du cabinet, au soutien et aux opportunités de croissance et d'avancement professionnels. Les associés sont également responsables de la gestion, de la prise de décision et de la planification stratégique de l'entreprise, et ont un intérêt direct dans le succès et la rentabilité de l'entreprise. De plus, le partenariat apporte un prestige, une reconnaissance et un potentiel de revenus accrus, ainsi que la possibilité de façonner l'orientation future et la culture de l'entreprise.

Abordons les défis et considérations communs lors de la transition vers le partenariat. L'un des défis consiste à gérer les attentes et les délais du partenariat. Alors que certains avocats peuvent être sur la voie d'un partenariat rapide, d'autres devront peut-être démontrer leur engagement et leurs capacités sur une période plus longue. Il est important que les futurs partenaires soient patients, persévérants et proactifs dans la poursuite de leurs objectifs et dans la recherche de commentaires et de conseils de la part de la direction de l'entreprise. De plus, la transition vers un partenariat nécessite une volonté d'assumer des responsabilités accrues, de gérer les risques et de s'adapter aux exigences des dirigeants, ce qui peut nécessiter une formation, un soutien et des ressources supplémentaires.

En conclusion, la transition vers le partenariat est une étape importante dans la profession juridique, représentant la reconnaissance des contributions d'un avocat, de son leadership et de son potentiel de réussite à long terme au sein du cabinet. En mettant l'accent sur l'excellence juridique, le service à la clientèle et le leadership, les futurs associés peuvent se positionner pour réussir et apporter une contribution significative à la croissance et au succès de leur cabinet. En adoptant la planification stratégique, l'apprentissage continu et un engagement envers l'excellence, les avocats peuvent naviguer sur la voie du partenariat et atteindre leurs objectifs professionnels dans le domaine dynamique et enrichissant du droit.

Technologie en droit : tirer parti de l'innovation pour l'excellence juridique

La technologie a révolutionné la pratique du droit, permettant aux avocats de travailler plus efficacement, de communiquer efficacement et de fournir un service exceptionnel à leurs clients. De l'automatisation des documents et de la découverte électronique à l'intelligence artificielle et aux plateformes basées sur le cloud, les innovations technologiques transforment tous les aspects de la pratique juridique. Dans cette discussion approfondie, nous explorerons le rôle de la technologie dans la profession juridique, son impact sur la pratique juridique et le service client, ainsi que les opportunités et les défis qu'elle présente pour les avocats et les cabinets d'avocats.

Tout d'abord, parlons de l'importance de la technologie dans la profession juridique. La technologie est devenue partie intégrante de la pratique juridique moderne, permettant aux avocats de rationaliser les flux de travail, de gérer les dossiers plus efficacement et d'offrir de meilleurs résultats aux clients. De la recherche juridique et de la gestion de cas à la rédaction de documents et à la communication avec les clients, les outils et plateformes technologiques améliorent l'efficacité, la productivité et la collaboration au sein des cabinets d'avocats et des organisations. En tirant parti de la technologie, les avocats peuvent travailler plus intelligemment, et non plus dur, et concentrer leur temps et leurs ressources sur la fourniture de services à valeur ajoutée et de conseils stratégiques aux clients.

Examinons maintenant l'impact de la technologie sur la pratique juridique et le service client. L'un des avantages les plus importants de la technologie est sa capacité à automatiser les tâches et processus de routine, tels que l'examen de documents, la rédaction de contrats et l'analyse de cas, permettant ainsi aux avocats de se concentrer sur des travaux à plus forte valeur ajoutée et sur la prise de décisions stratégiques. De plus, la technologie permet aux avocats d'accéder à de grandes quantités d'informations et de données juridiques, leur permettant ainsi de mener des recherches juridiques complètes, d'analyser la jurisprudence et les précédents et de prendre des décisions plus éclairées au nom de leurs clients. De plus, la technologie facilite la communication et la collaboration entre les équipes juridiques et les clients, permettant une collaboration en temps réel, un partage de fichiers sécurisé et des réunions virtuelles, quel que soit l'emplacement géographique ou le fuseau horaire.

Discutons ensuite des opportunités et des défis présentés par la technologie pour les avocats et les cabinets d'avocats. D'une part, la technologie offre d'immenses opportunités d'innovation, d'efficacité et de croissance dans la profession juridique. En adoptant les avancées technologiques, les avocats peuvent améliorer le service client, améliorer l'efficacité opérationnelle et acquérir un avantage concurrentiel sur le marché. De plus, la technologie permet aux avocats d'étendre leur portée, d'attirer de nouveaux clients et de fournir des services juridiques de manière plus abordable et plus pratique que jamais. D'un autre côté, la technologie présente également des défis, tels que des problèmes de sécurité et de confidentialité des données, des considérations éthiques liées à l'utilisation de l'intelligence artificielle et de l'apprentissage automatique, ainsi que la nécessité d'une formation et d'un enseignement continus pour suivre le rythme des progrès technologiques.

Examinons maintenant des exemples spécifiques d'outils et de plateformes technologiques qui transforment la pratique juridique. Les logiciels d'automatisation des documents, tels que les systèmes de gestion des contrats et les plateformes de signature électronique, rationalisent la rédaction et l'exécution des documents juridiques, permettant ainsi de gagner du temps et de réduire les erreurs. Les outils de découverte électronique et d'analyse de données permettent aux avocats de passer au crible de grands volumes de preuves électroniques, d'identifier les informations pertinentes et de prendre des décisions stratégiques dans les litiges et les enquêtes. Les logiciels de gestion de cabinet, y compris les systèmes de gestion de cas et de facturation, centralisent les informations sur les clients, suivent les heures facturables et rationalisent les tâches administratives, améliorant ainsi l'efficacité et le service client. De plus, l'intelligence artificielle et les technologies de traitement du langage naturel révolutionnent la recherche et l'analyse juridiques, permettant aux avocats de trouver rapidement la jurisprudence, les lois et les réglementations pertinentes, et d'en extraire des informations pour étayer leurs arguments et stratégies juridiques.

Abordons les défis et considérations courants liés à l'adoption et à l'intégration de la technologie dans la pratique juridique. L'un des défis consiste à garantir la sécurité et la confidentialité des données, en particulier lors de l'utilisation de plateformes basées sur le cloud et du stockage en ligne d'informations sensibles sur les clients. Les avocats doivent prendre des mesures proactives pour protéger les données des clients, telles que la mise en œuvre du cryptage, des contrôles d'accès et de l'authentification multifacteur, ainsi que le respect des réglementations en matière de protection des données et des obligations éthiques liées à la confidentialité des clients. De plus, les avocats doivent rester informés des technologies et des tendances émergentes dans le paysage des technologies juridiques, et être prêts à adapter et à faire évoluer leurs pratiques en conséquence pour rester compétitifs et pertinents à l'ère numérique.

En conclusion, la technologie a transformé la pratique du droit, permettant aux avocats de travailler plus efficacement, de communiquer efficacement et de fournir un service exceptionnel à leurs clients. En adoptant les innovations technologiques, les avocats peuvent améliorer leur productivité, rationaliser les flux de travail et acquérir un avantage concurrentiel sur le marché. Cependant, l'adoption et l'intégration de la technologie dans la pratique juridique nécessitent un examen attentif des opportunités et des défis, ainsi qu'un engagement en faveur d'un apprentissage et d'une adaptation continus. En tirant parti de la technologie de manière responsable et éthique, les avocats peuvent exploiter le pouvoir de l'innovation pour favoriser le succès et l'excellence dans le domaine dynamique et en évolution du droit.

Travail pro bono : servir la justice et renforcer les communautés

Le travail pro bono, ou la fourniture de services juridiques à des individus et à des organisations dans le besoin sur une base volontaire, est la pierre angulaire de engagement de la profession juridique en faveur de l'accès à la justice et au service public. Grâce à leur travail pro bono, les avocats peuvent avoir un impact significatif sur la vie des personnes mal desservies, des communautés marginalisées et des organisations à but non lucratif, tout en respectant les principes d'équité, d'égalité et de justice. Dans cette discussion approfondie, nous explorerons l'importance du travail pro bono, son impact sur les avocats et la société, ainsi que les stratégies pour s'engager dans un service pro bono de manière efficace et éthique.

Tout d'abord, discutons de l'importance du travail pro bono dans la profession juridique. Le travail bénévole joue un rôle essentiel dans l'élargissement de l'accès à la justice pour ceux qui n'ont pas les moyens de se faire représenter par un avocat, notamment les personnes à faible revenu, les immigrants, les victimes de violence domestique et d'autres personnes confrontées à des difficultés juridiques. En fournissant des services juridiques gratuits ou à faible coût aux populations mal desservies, les avocats peuvent contribuer à uniformiser les règles du jeu, à protéger les droits fondamentaux et à garantir que la justice est accessible à tous, quel que soit le statut socio-économique ou l'origine. Le travail pro bono est également conforme aux obligations éthiques et aux responsabilités professionnelles des avocats visant à servir l'intérêt public et à promouvoir l'État de droit.

Examinons maintenant l'impact du travail pro bono sur les avocats et la société. Pour les avocats, le travail pro bono offre des opportunités de croissance personnelle et professionnelle, de développement de compétences et d'épanouissement. S'engager dans un service pro bono permet aux avocats d'élargir leur expertise juridique, d'acquérir une expérience pratique et de faire une différence tangible dans la vie des autres. Le travail bénévole renforce également la réputation de la profession juridique et son engagement en faveur de la responsabilité sociale, renforçant ainsi la confiance du public dans le système juridique. Pour la société, le travail pro bono contribue au bien commun en répondant aux besoins juridiques non satisfaits, en promouvant la justice sociale et en faisant progresser l'égalité et l'équité devant la loi. En donnant bénévolement de leur temps et de leurs talents pour aider ceux qui en ont besoin, les avocats jouent un rôle essentiel dans le renforcement des communautés, l'autonomisation des individus et la promotion du bien commun.

Discutons ensuite des stratégies permettant de s'engager dans un service pro bono de manière efficace et éthique. Une stratégie consiste à identifier les domaines de besoin et les opportunités de travail bénévole au sein de votre communauté ou de votre pratique juridique. Cela peut impliquer de nouer des partenariats avec des organisations d'aide juridique, des agences à but non lucratif ou des barreaux qui coordonnent des programmes et des initiatives pro bono, ou de rechercher des cas ou des projets individuels qui correspondent à vos intérêts et à votre expertise. De plus, il est important d'établir des limites et des attentes claires pour les missions pro bono, notamment en définissant la portée des services, en gérant les attentes des clients et en allouant efficacement les ressources pour garantir une représentation de qualité. Enfin, les avocats doivent donner la priorité à la communication, à la collaboration et au soutien continus de la part de leurs collègues, mentors et coordinateurs pro bono afin de maximiser l'impact et l'efficacité de leurs efforts pro bono.

Abordons les idées fausses et les défis courants associés au travail pro bono. Une idée fausse est que le travail pro bono est réservé aux avocats possédant une expertise ou des ressources spécialisées. En réalité, les avocats de tous horizons et de tous domaines de pratique peuvent contribuer au service pro bono, que ce soit en fournissant une représentation juridique directe, en offrant des conseils et des conseils juridiques, ou en participant à des initiatives de plaidoyer et politiques. Un autre défi consiste à trouver le temps d'équilibrer le travail pro bono avec le travail client facturable et d'autres engagements professionnels. Bien que le travail pro bono demande du temps et du dévouement, les avocats peuvent intégrer le service pro bono dans leur pratique en donnant la priorité aux opportunités qui correspondent à leurs intérêts et à leur emploi du temps, et en tirant parti des ressources et du soutien de leur cabinet ou organisation.

En conclusion, le travail pro bono est une expression essentielle de l'engagement de la profession juridique en faveur de l'accès à la justice, du service public et de la responsabilité sociale. En donnant de leur temps et de leurs talents pour aider ceux qui en ont besoin, les avocats peuvent avoir un impact significatif sur les individus, les communautés et la société dans son ensemble. Grâce à leur travail pro bono, les avocats défendent les principes d'équité, d'égalité et de justice et contribuent à un système juridique plus juste et équitable pour tous. En faisant du service pro bono une valeur fondamentale et une responsabilité professionnelle, les avocats peuvent contribuer à garantir que la promesse de justice soit accessible à tous, quelle que soit leur capacité de payer.

Pratiques juridiques mondiales : naviguer dans les complexités du droit international

Les pratiques juridiques mondiales englobent un large éventail de services et d'activités juridiques qui transcendent les frontières nationales, au service de clients ayant des besoins et des intérêts divers dans un monde de plus en plus interconnecté. Des sociétés multinationales et organisations internationales aux particuliers et gouvernements, les clients recherchent des conseils juridiques et une représentation sur une variété de questions transfrontalières, notamment le commerce international, les investissements, l'immigration et les droits de l'homme. Dans cette discussion approfondie, nous explorerons la nature des pratiques juridiques mondiales, les défis et les opportunités qu'elles présentent pour les avocats, ainsi que les stratégies permettant de naviguer dans les complexités du droit international.

Tout d'abord, discutons de la nature des pratiques juridiques mondiales et des types de services qu'elles offrent. Les pratiques juridiques mondiales englobent un large éventail de services juridiques, notamment le travail transactionnel, la résolution des litiges, la conformité réglementaire et les services de conseil, entre autres. Les avocats travaillant dans des cabinets juridiques mondiaux peuvent se spécialiser dans divers domaines du droit international, tels que le commerce et les investissements internationaux, le droit des sociétés et le droit commercial, l'arbitrage et le règlement des différends, les droits de l'homme et le droit humanitaire, ou les litiges et l'application transfrontaliers. Ces avocats conseillent leurs clients sur un large éventail de questions transfrontalières, notamment les fusions et acquisitions, les coentreprises, les transactions transfrontalières, la protection de la propriété intellectuelle, la conformité réglementaire et les litiges internationaux.

Examinons maintenant les défis et les opportunités présentés par les pratiques juridiques mondiales. L'un des défis consiste à naviguer dans les complexités du droit international, ce qui peut impliquer de naviguer dans différents systèmes juridiques, langues, cultures et cadres réglementaires dans plusieurs juridictions. Les avocats doivent posséder de solides compétences analytiques, des compétences culturelles et des compétences en communication interculturelle pour représenter efficacement leurs clients dans les affaires juridiques mondiales. De plus, les pratiques juridiques mondiales exigent que les avocats se tiennent au courant des évolutions du droit international, des tendances mondiales et des problèmes émergents susceptibles d'avoir un impact sur les intérêts et les opérations de leurs clients. Cela nécessite une formation continue, un enseignement et un développement professionnel pour maintenir l'expertise et les compétences dans le domaine.

Discutons ensuite des stratégies permettant de naviguer dans les complexités du droit international et de bâtir une pratique juridique mondiale réussie. Une stratégie consiste à développer une compréhension approfondie des cadres juridiques et réglementaires régissant les transactions et les différends internationaux, y compris les traités internationaux, les conventions et le droit international coutumier. Les avocats doivent également entretenir des relations avec des avocats locaux, des experts et des parties prenantes dans des juridictions clés afin de fournir à leurs clients des conseils et une représentation juridiques complets. De plus, les avocats doivent tirer parti de la technologie et des ressources, telles que les bases de données de recherche juridique, les outils de traduction linguistique et les réseaux juridiques internationaux, pour accéder à l'information, collaborer avec leurs collègues et servir leurs clients de manière efficace et efficiente au-delà des frontières.

Abordons les idées fausses et les défis courants associés aux pratiques juridiques mondiales. Une idée fausse est que les pratiques juridiques mondiales sont réservées aux grands cabinets d'avocats multinationaux ou aux avocats possédant une vaste expérience internationale. En réalité, les avocats de tous horizons et de tous domaines de pratique peuvent s'engager dans une pratique juridique mondiale, que ce soit en représentant des sociétés multinationales, en conseillant des particuliers sur des transactions transfrontalières ou en défendant les droits de l'homme et la justice sociale sur la scène internationale. Un autre défi consiste à garantir le respect des lois et réglementations locales dans plusieurs juridictions, ce qui peut nécessiter une coordination avec les avocats locaux, les agences gouvernementales et les autorités de régulation pour naviguer dans des environnements juridiques complexes et minimiser les risques juridiques pour les clients.

En conclusion, les cabinets juridiques mondiaux jouent un rôle essentiel en répondant aux divers besoins et intérêts des clients dans un monde de plus en plus interconnecté. En fournissant des conseils juridiques et une représentation sur des questions transfrontalières, les cabinets juridiques mondiaux aident les clients à naviguer dans les complexités du droit international, à étendre leur empreinte mondiale et à atteindre leurs objectifs commerciaux et juridiques. Les avocats travaillant dans des cabinets juridiques internationaux doivent posséder de solides compétences analytiques, des compétences culturelles et des compétences en communication interculturelle pour représenter efficacement leurs clients dans les affaires juridiques mondiales. En relevant les défis et les opportunités de la pratique juridique mondiale, les avocats peuvent avoir un impact significatif sur les individus, les organisations et les sociétés du monde entier, faisant progresser la justice, l'équité et l'état de droit à l'échelle mondiale.

Conclusion

En conclusion, la profession juridique est un domaine dynamique et multiforme qui englobe un large éventail de domaines de pratique, de spécialités et de rôles. Des futurs étudiants en droit qui se lancent dans leur parcours de formation juridique aux avocats chevronnés confrontés à des questions juridiques complexes et des défis mondiaux, la profession juridique offre des opportunités de croissance, d'apprentissage et d'impact à chaque étape de sa carrière.

Tout au long de cette discussion approfondie, nous avons exploré des sujets et des thèmes clés pertinents pour les avocats en herbe et en exercice, notamment la formation juridique, le développement de carrière, l'éthique professionnelle et le rôle de la technologie en droit. Nous avons discuté de l'importance des compétences fondamentales telles que la recherche et la rédaction juridiques, la communication avec les clients et l'étiquette en salle d'audience, ainsi que de sujets plus avancés tels que les techniques de négociation, la création d'un réseau professionnel et la transition vers un partenariat.

Nous avons également examiné le contexte plus large de la pratique juridique, notamment l'impact de la mondialisation, l'essor de la technologie et la demande croissante de services pro bono et de responsabilité sociale. En adoptant l'innovation, la diversité et un engagement envers le service, les avocats peuvent naviguer dans les complexités de la profession juridique, apporter des contributions significatives à leurs clients, aux communautés et à la société, et respecter les principes de justice, d'équité et d'état de droit.

Alors que le paysage juridique continue d'évoluer et de s'adapter aux tendances sociales, économiques et technologiques changeantes, les avocats doivent rester agiles, adaptables et engagés dans l'apprentissage et le développement professionnel tout au long de leur vie. En restant informés, engagés et proactifs dans leur approche de la pratique juridique, les avocats peuvent se positionner pour réussir et s'épanouir dans le domaine dynamique et enrichissant du droit.

En fin de compte, la profession juridique offre des opportunités infinies de croissance, d'impact et de service, et il appartient à chaque avocat de tracer sa propre voie, de poursuivre ses passions et de faire une différence dans le monde grâce à son travail. Qu'ils défendent la justice devant les tribunaux, conseillent leurs clients sur des questions juridiques complexes ou contribuent au bien commun par le biais de services pro bono et de travaux d'intérêt public, les avocats ont le pouvoir de façonner l'avenir du droit et de la société pour le mieux.

www.ingramcontent.com/pod-product-compliance
Lightning Source LLC
Chambersburg PA
CBHW070128230526
45472CB00004B/1470